O coordenador pedagógico e o trabalho colaborativo na escola

Leitura indicada

O coordenador pedagógico e a educação continuada, VV.AA.
O coordenador pedagógico e a formação centrada, VV.AA.
O coordenador pedagógico e a formação docente, VV.AA.
O coordenador pedagógico e o espaço da mudança, VV.AA.
O coordenador pedagógico e o cotidiano da escola, VV.AA.
O coordenador pedagógico e questões da contemporaneidade, VV.AA.
O coordenador pedagógico e os desafios da educação, VV.AA.
O coordenador pedagógico e o atendimento à diversidade, VV.AA.
O coordenador pedagógico — Provocações e possibilidades de atuação, VV.AA.
*O coordenador pedagógico no espaço escolar:
   articulador, formador e transformador*, VV.AA.
Entre a ciência e a sapiência — O dilema da educação, R. Alves.
A autoestima do professor, F. Voli.
Psicologia para professores, D. Fontana

O coordenador pedagógico e o trabalho colaborativo na escola

Laurinda Ramalho de Almeida
Vera Maria Nigro de Souza Placco
ORGANIZADORAS

Alcielle dos Santos
Ecleide Furlanetto
Eliane Bambini Gorgueira Bruno
Elisa Moreira Bonafé
Laurinda Ramalho de Almeida
Laurizete Ferragut Passos
Lilian Aparecida Cruz Dugnani
Maria Aparecida Guedes Monção
Marli E. D. A. de André
Moacyr da Silva
Silvia Cristina Herculano
Vera Lucia Trevisan de Souza
Vera Maria Nigro de Souza Placco

Edições Loyola

Dados Internacionais de Catalogação na Publicação (CIP)
(Câmara Brasileira do Livro, SP, Brasil)

O coordenador pedagógico e o trabalho colaborativo na escola / Laurinda Ramalho de Almeida, Vera Maria Nigro de Souza Placco, organizadoras. -- São Paulo : Edições Loyola, 2016.

Vários autores.
ISBN 978-85-15-04400-9

1. Coordenadores educacionais 2. Educação - Finalidades e objetivos 3. Pedagogia I. Almeida, Laurinda Ramalho de. II. Placco, Vera Maria Nigro de Souza.

16-05555   CDD-370.71

Índices para catálogo sistemático:
1. Coordenação pedagógica : Educação   370.71
2. Coordenadores pedagógicos : Educação   370.71

Conselho Editorial:
Abigail Alvarenga Mahoney
Emilia Freitas de Lima
Idméa Semeghini Próspero Machado de Siqueira
Laurinda Ramalho de Almeida
Melania Moroz
Vera Maria Nigro de Souza Placco

Preparação: Vera Rossi
Capa: Maria Clara R. Oliveira
Diagramação: Viviane Bueno Jeronimo
Revisão: Renato da Rocha

Edições Loyola Jesuítas
Rua 1822, 341 – Ipiranga
04216-000 São Paulo, SP
T 55 11 3385 8500/8501 • 2063 4275
editorial@loyola.com.br
vendas@loyola.com.br
www.loyola.com.br

Todos os direitos reservados. Nenhuma parte desta obra pode ser reproduzida ou transmitida por qualquer forma e/ou quaisquer meios (eletrônico ou mecânico, incluindo fotocópia e gravação) ou arquivada em qualquer sistema ou banco de dados sem permissão escrita da Editora.

ISBN 978-85-15-04400-9

© EDIÇÕES LOYOLA, São Paulo, Brasil, 2016

Sumário

Apresentação 7

O trabalho colaborativo, um campo de estudo 9
Laurizete Ferragut Passos
Marli E. D. A. de André

Relações interpessoais potencializadoras do trabalho
colaborativo na formação de professores 25
Laurinda Ramalho de Almeida

A constituição identitária de professores em contexto 41
Vera Maria Nigro de Souza Placco
Vera Lucia Trevisan de Souza

Gestão escolar: organização pedagógica e
mediações no espaço escolar 55
Ecleide Cunico Furlanetto
Maria Aparecida Guedes Monção

Fundamentos para um trabalho colaborativo:
Carl Rogers e Paulo Freire 71
Eliane Bambini Gorgueira Bruno

O itinerário metodológico para uma proposta
de formação participativa 85
Alcielle dos Santos
Vera Maria Nigro de Souza Placco

O trabalho colaborativo no contexto dos
ginásios vocacionais 99
Moacyr da Silva

Adentrando os espaços de aprendizagem
da coordenação pedagógica 113
Silvia Cristina Herculano
Laurinda Ramalho de Almeida

Movimentos constitutivos da coletividade na escola:
uma análise da perspectiva da psicologia histórico-cultural 137
Lilian Aparecida Cruz Dugnani
Vera Lucia Trevisan de Souza

O coordenador pedagógico e a formação de grupos
heterogêneos na escola 161
Elisa Moreira Bonafé

Apresentação

Este é o 11º volume da Coleção Coordenador Pedagógico, das Edições Loyola. Essa coleção surgiu em 1998, quando a literatura sobre coordenação pedagógica era escassa, o que nos levou a identificar a necessidade de subsídios para um grupo de profissionais que considerávamos — e consideramos — muito importante para a qualidade do ensino nas escolas.

Hoje temos um expressivo aumento da literatura sobre coordenação pedagógica, sobretudo fruto de pesquisas, sejam as resultantes de teses e dissertações, sejam as decorrentes de outras iniciativas, como a pesquisa em nível nacional financiada pela Fundação Victor Civita e apoiada pela Fundação Carlos Chagas que se comentou no 10º volume da Coleção. No entanto, registramos, com pesar, que um problema persiste: as atividades administrativas e outras urgências na escola ainda se sobrepõem às pedagógicas. Nos depoimentos dos coordenadores pedagógicos, fica explicitado o entendimento de que seu papel principal é o de formação dos professores da escola, favorecendo a constituição identitária dos docentes que promovem a aprendizagem dos alunos. No entanto, ao discorrer sobre a rotina de seu trabalho, o que parece determinante para sua atuação são os imprevistos do cotidiano escolar.

Sem uma visão ingênua de que a escola pode tudo, desresponsabilizando o papel do Estado, este 11º volume da Coleção registra nossa convicção de que só a força do coletivo pode reverter o quadro descrito pela maioria dos coordenadores.

Os textos que fazem parte deste volume, embora diversos em suas propostas — algumas mais voltadas para fundamentos que interessam a formadores, outras com alternativas para operacionalizar o trabalho colaborativo, no contexto escolar; algumas apresentando resultados de pesquisas, outras de cunho ensaístico —, atestam nosso posicionamento de que um trabalho coletivo, no contexto escolar, tem como pressupostos o respeito ao outro como pessoa e profissional, a partilha de desejo, a crença em uma construção coletiva do conhecimento e da identidade profissional do professor.

São Paulo, maio de 2016.

Laurinda Ramalho de Almeida
Vera Maria Nigro de Souza Placco

O trabalho colaborativo, um campo de estudo

Laurizete Ferragut Passos[1]
laurizetefer@gmail.com

Marli E. D. A. de André[2]
marliandre@pucsp.br

Apresentação

O presente texto procura mostrar que "o trabalho colaborativo na escola" vem se tornando um campo de estudos pungente, tanto no cenário internacional quanto no Brasil. Na primeira parte, relata o movimento de aproximação das autoras do texto com o tema do trabalho colaborativo, em meados dos anos 1990. Em seguida, descreve como se deu a emergência do conceito, acompanhando as mudanças que ocorriam na sociedade e na cultura e que tinham reflexos na escola, exigindo respostas complexas, com a colaboração de várias pessoas. Na terceira parte, revela como esse conceito vem sendo tratado na literatura da área de educação, quais são os principais autores que têm buscado esclarecer as várias acepções do termo e como ele vem sendo apropriado pelas pesquisas. A quarta parte discute o conceito de comunidades de aprendizagem, comunidades investigativas e comunidades de prática. A parte final do texto relata brevemente o

---

1. Professora Doutora do Programa de Estudos Pós-Graduados em Educação: Psicologia da Educação e do Programa do Mestrado Profissional em Educação: Formação de Formadores, ambos da PUC-SP.
2. Professora Doutora do Programa de Estudos Pós-Graduados em Educação: Psicologia da Educação e coordenadora do Programa do Mestrado Profissional em Educação: Formação de Formadores, ambos da PUC-SP.

trabalho realizado por uma das autoras do texto em colaboração com uma coordenadora pedagógica de uma escola pública.

Aproximação das autoras ao tema do trabalho colaborativo

Desde os anos de 1980 e tendo continuidade nos anos de 1990, muitos pesquisadores brasileiros, instigados pelas mudanças ocorridas no contexto escolar, mostravam interesse em conhecer o que se passava no dia a dia da sala de aula e da escola. Recorriam às abordagens do tipo etnográfico para investigar questões relacionadas às interações dos atores escolares, aos processos de alfabetização, às relações professor-aluno, às práticas de ensino e de avaliação. Com esse propósito, Laurizete F. Passos (1997), com orientação de Marli André, conduziu sua pesquisa de doutorado com o propósito de documentar as práticas bem-sucedidas de alfabetizadoras em uma escola pública de uma cidade do interior do estado de São Paulo. No decorrer da coleta de dados, as professoras observadas, juntamente com a coordenadora pedagógica da escola, fizeram uma demanda para que a pesquisadora se envolvesse mais diretamente nas reuniões de formação que aconteciam na escola e colaborasse nesse processo.

Nesse momento, deparamos com um impasse — aceitar ou não a proposição. Nossos conhecimentos de metodologia de pesquisa indicavam que deveríamos seguir com a opção já tomada, de realizar um estudo do tipo etnográfico. Mas nossa postura e nosso compromisso profissional nos impeliam a atender a solicitação e enfrentar o desafio. Fomos, assim, procurar autores que nos ajudassem a lidar com a nova situação, pois a pesquisa, inicialmente do tipo etnográfico, teria de tomar outra forma, passando a ser um tipo de pesquisa-ação colaborativa.

A demanda da escola era de que houvesse uma participação ativa da pesquisadora no planejamento e desenvolvimento do trabalho de formação continuada da escola, juntamente com a coordenadora pedagógica. Sem deixar seu papel de pesquisadora. Fomos estudar, indagar e verificamos que havia poucos escritos sobre o tema, pouca literatura sobre o assunto, mas parecia bem claro que a nova situação configurava um trabalho compartilhado, uma parceria para desenvolver conjuntamente a formação continuada na escola. Foi com essa situação que ocorreu nossa aproximação ao trabalho colaborativo.

Emergência do conceito de trabalho colaborativo

Cumpre, porém, discutir como se deu a emergência do conceito de trabalho colaborativo. Esse conceito ganhou força nos anos de 1990, associado aos desafios enfrentados pelas escolas para lidar com as mudanças sociais, políticas, econômicas e culturais que se passavam no mundo e tinham reflexos diretos na dinâmica escolar.

No Brasil, com a democratização do acesso à escolarização, na década de 1990 assistimos praticamente à universalização do ensino fundamental, o que trouxe para os bancos escolares um contingente muito diverso de crianças e jovens, com hábitos, linguagens, interesses muito variados. Do mesmo modo, nesse período houve um grande desenvolvimento dos meios de comunicação, mudanças tecnológicas que possibilitaram o acesso da população a uma enorme massa de informações; surgiram novas formas de relações pelas redes virtuais. Essas inovações adentraram a escola e chegaram à sala de aula. Além da diversidade sociocultural dos alunos, a escola se viu diante de um mundo extremamente complexo, difícil de entender. Como fazer frente a essas novas condições? Quais caminhos deveriam ser trilhados e em que direções? Essas e muitas outras questões desafiavam os educadores, que se sentiam pouco preparados para enfrentá-las e resolvê-las individualmente.

Assim como ficou claro que as respostas a essas indagações não eram simples nem fáceis, também ficou evidente que se deveriam rever as formas de conceber o ensino, a aprendizagem e as relações escolares. Rever as concepções e, sobretudo, rever as práticas de ensino. E, então, o papel e a atuação do(a) professor(a) assumiram a máxima atenção. Estaria preparado(a) para lidar com tantas mudanças? Era evidente que, por maior que fosse o preparo ou a competência, um indivíduo isoladamente teria dificuldade para responder a tamanhos desafios. As questões então passaram a ser: o que fazer? Por onde começar? Não só os conhecimentos adquiridos na formação inicial não seriam suficientes para compreender e atuar nesse mundo diverso, e em constante mudança, como os processos de formação continuada precisariam ser urgentemente revistos.

Isso porque a concepção de formação que se fazia presente até há poucos anos era marcada pela racionalização técnica, caracterizada por uma perspectiva transmissiva de conhecimento, que valoriza o docente como especialista e concebe a formação como treinamento, de caráter instrumental e adaptativo, admitindo que os conhecimentos adquiridos vão ser transferidos para a prática, em um processo de "aplicação". Nessa perspectiva, o professor é considerado um técnico que vai pôr em prática os conhecimentos adquiridos nos processos formativos. Certamente tal concepção é inadequada para quem precisa atuar em situações inesperadas, peculiares, urgentes e inusitadas.

Daí a necessidade de desenvolver outra lógica de pensar a formação, alicerçada nos contextos de trabalho, nas situações específicas da prática docente, nos saberes que vão sendo construídos com base na reflexão crítica sobre as experiências vividas e na análise dos embates profissionais que ocorrem no local de trabalho. Não é mais possível esperar que cada um, individualmente, encontre respostas para tantas e tão complexas questões que se fazem presentes na prática diária dos estabelecimentos de ensino. É preciso construir um olhar plural, constituir comunidades de aprendizagens que compartilhem saberes, concepções, explicações, que desenhem em conjunto medidas para enfrentar os desafios e para seguir adiante.

Esta outra forma de pensar a formação, enraizada nos contextos de trabalho, remete a uma nova reconfiguração profissional do professor, que, de acordo com Canário (1998, p. 19), significa conceber o professor como analista simbólico, como artesão, como um profissional da relação e como construtor de sentido.

Conceber o professor como analista simbólico, explica Canário (1998), significa considerá-lo um solucionador de problemas, que faz uso de elevadas capacidades de abstração, recorre a uma visão sistêmica e à experimentação para lidar com situações complexas, aproximando-se dos pares para aprender com eles. O professor é um intelectual que analisa sua prática, identifica os problemas vividos, compartilha suas dúvidas com os colegas e procura encontrar soluções.

Canário (1998) argumenta ainda que o professor é um reinventor de práticas, pois lança mão de um arsenal de saberes acumulados para dar respostas às situações e públicos específicos. Como um verdadeiro artesão, o professor enriquece e atualiza constantemente seus saberes para deles fazer uso nos momentos e circunstâncias adequadas. Valorizam-se aqui o saber da experiência, os conhecimentos que vão sendo gestados pelo enfrentamento de desafios, situações e fatos inesperados, que se colocam frequentemente no exercício profissional e demandam a mobilização de um conjunto de saberes, que por sua vez serão acionados diante de novas situações e assim sucessivamente.

Na reconfiguração profissional do professor acentua-se o caráter interativo da docência. Não resta dúvida de que a docência é uma atividade relacional, pois o ato educativo acontece por meio das trocas afetivas e cognitivas entre professor e aluno, mediadas pela linguagem. Essas trocas exigem do professor a capacidade de escuta e de abertura para novas aprendizagens, pois, como afirma Canário (ibid., p. 21), "os professores necessariamente aprendem no contato com os alunos e serão melhores professores quanto maior for sua capacidade para realizar essa aprendizagem".

A valorização do professor como um construtor de sentidos decorre, nas palavras de Canário (1998), de se reconhecer a centralidade do sujeito no processo de aprendizagem, construindo sua visão de mundo, "por um processo de seleção, organização e interpretação da informação a que está exposto e que, segundo as pessoas e segundo os contextos, pode dar origem a perspectivas muito diferentes" (ibid., p. 22). Sim, cabe ao professor analisar cada situação específica com que se defronta e tomar decisões sobre como deve agir, quais conhecimentos acionar, que estratégias deve escolher.

Esta nova maneira de conceber o professor e sua ação profissional exige uma ruptura com os modelos escolarizados que ainda dominam as práticas formativas. Torna-se necessário reconceber esses modelos de outra forma, em uma perspectiva que permita contemplar, de forma articulada, as dimensões pessoal, organizacional e profissional do professor, o que remete à formação centrada na escola e ao trabalho colaborativo.

Se, por um lado, não se pode deixar de reconhecer o importante papel que desempenham os professores no processo educativo, por outro lado não se pode esquecer que sua ação é situada, ocorre em um determinado contexto, o qual, ao mesmo tempo em que impõe desafios, possibilita crescimento e aprendizagens. Daí a importância de levar em conta os múltiplos elementos desse contexto: os atores, as ações, as relações, os tempos e os espaços. Desse modo, a formação deixa de ser concebida numa ótica simplista, centrada apenas no professor, descolado de seu ambiente de trabalho, para voltar-se aos diferentes atores que, em um contexto determinado, desenvolvem uma ação educativa intencional, deparam com desafios e, na busca de enfrentá-los, vão se constituindo como uma comunidade de aprendizagem.

Por isso, atualmente é usada a expressão "formação em contexto", ou seja, que tenha como referência o contexto de trabalho, em geral a escola. Dizer que os processos formativos são referenciados ao contexto da instituição não significa que devam ser realizados na instituição, mas, sim, que devam se voltar para o trabalho feito na instituição. Isso requer que se levem em conta as pessoas envolvidas nesse trabalho, os recursos disponíveis para realizá-lo, as formas de organização do trabalho pedagógico, as relações que ali se desenvolvem, os fins, os meios e os resultados a alcançar. Formação que deve ser pautada na construção e desenvolvimento de um projeto político pedagógico elaborado e monitorado pelo coletivo da instituição.

Outra ideia, vinculada à de formação em contexto, é que a formação só se legitimará se contribuir para o desenvolvimento profissional dos professores, no que concerne ao seu trabalho e às aprendizagens profissionais. Como proposto por Imbernón (2009, p. 33), o conceito de desenvolvimento profissional está associado à melhoria das práticas de trabalho, assim como dos conhecimentos e crenças, de forma que aumente a qualidade da docência, da pesquisa e da gestão. Nesse sentido, o autor insiste que falar em desenvolvimento profissional é reportar-se ao desenvolvimento profissional coletivo e institucional, ou seja, processos que melhorem os conhecimentos profissionais, as habilidades e atitudes, assim como a situação de trabalho de todo o pessoal que trabalha em uma instituição. O conceito de desenvolvimento profissional amplia a concepção de formação para além da aquisição de saberes profissionais para incluir também aspectos relativos às condições de trabalho e à melhoria da situação dos trabalhadores (salário, carreira, formas de contratação, condições institucionais).

Portanto, tem-se hoje uma visão mais alargada da formação docente, reconcebendo-a como um processo contínuo de desenvolvimento profissional, em que as dimensões pessoal, profissional e organizacional estão estreitamente articuladas. Assim, ao se planejarem processos formativos, há que se levar em conta, por um lado, a pessoa do professor, um ser com uma história de vida, durante a qual foram construídos valores e desenvolvidos sentimentos, crenças, aspirações; por outro lado, ligado à pessoa está o profissional professor, que ao atuar coloca em jogo um conjunto de saberes, experimenta, corrige rumos, busca soluções, aprende; além disso, não se pode esquecer que essas aprendizagens ocorrem no local de trabalho, daí a importância de considerar as condições institucionais em que se desenvolve esse trabalho, as relações construídas, a cultura que aí se estabelece. Assim, os processos formativos têm de estar centrados na instituição e possibilitar a troca de saberes e a aprendizagem coletiva.

O conceito de trabalho colaborativo: diferentes perspectivas na literatura

Como já assinalado, as instituições escolares têm deparado com uma situação paradoxal: pressões crescentes por mudança e inovação são esperadas dos professores e, ao mesmo tempo, muitas dessas instituições continuam centradas em regulamentos e prescrições que impedem de ser explorados novos modos de pensar a formação e o desenvolvimento profissional. Essa realidade vem afetando o trabalho dos professores e dos coordenadores do trabalho pedagógico e põe em questão a cultura da escola e a forma como esses profissionais se integram nela ou a ela resistem.

É nessa perspectiva que o conceito de trabalho colaborativo foi sendo referenciado na produção da área da educação e associado ao conceito de cultura docente, ou seja, à cultura dos professores como grupo social e profissional. O conjunto de crenças, valores, hábitos e normas e os modos de pensar, atuar e se relacionar entre si definem, para Perez-Gómez (2001), a cultura dos docentes. Isso significa, de acordo com o pesquisador, que a cultura docente deve ser considerada em qualquer projeto de mudança das práticas; e não basta somente compreender essas mudanças, é necessário, principalmente, a vontade de transformar as condições que constituem as práticas burocráticas e conservadoras herdadas. Esse conservadorismo é mais relevante, segundo ele, quanto menor é a autonomia dos professores, a independência e segurança profissional.

Muitas vezes os docentes sentem-se inseguros e ameaçados pela velocidade com que a realidade vem se modificando, seja pela complexidade da tecnologia, seja pela pluralidade cultural presente nas escolas, ou ainda pela precariedade da estabilidade profissional e pela competitividade entre professores ou entre escolas, promovida de forma oficial nos últimos anos (LIMA, 2002). O profissional não sabe responder ou corresponder às exigências dessa realidade, e suas reações são marcadas pela passividade, inércia ou comportamentos conservadores que priorizam o isolamento (HARGREAVES, 1998).

O isolamento profissional é apontado pela literatura (LORTIE, 1975; FULLAN e HARGREAVES, 2001; PEREZ-GÓMES, 2001; LIMA, 2002; MORGADO, 2005) como uma das características da cultura docente; e afirma-se que ele tem sido favorecido pela própria arquitetura das escolas, com salas de aulas que isolam os professores uns dos outros e ausência de espaços coletivos. Também é reforçado pela sobrecarga de trabalho dos professores, pela segmentação dos horários e pela própria organização curricular disciplinar.

A ausência de diálogo e de colaboração, característica desse isolamento, também pode ser justificada, segundo Thurler (2001), pelo medo que os professores têm de compartilhar seus projetos e planos de aula e, ao fazê-lo, serem percebidos como pessoas que querem ser melhores que seus colegas de trabalho; ou, ainda, pelo medo de que outros se apropriem de seus achados, medo de serem julgados incompetentes ou de pedirem ajuda para mudar suas práticas. Esses medos reforçam o isolamento profissional, e seu questionamento deveria ser o ponto de partida do trabalho dos coordenadores e/ou formadores de professores nas escolas: Por que esse professor está isolado? Quais suposições tenho sobre esse comportamento? Como posso incentivar a aproximação com seus colegas e o compartilhar de suas práticas?

A colaboração ou trabalho colaborativo, nesse contexto, surge como um caminho ou resposta para escapar da cultura individualista na direção de compromissos coletivos com o ensino e aprendizagem dos alunos. A partilha e a interação entre todos os profissionais da escola são destacadas por Forte e Flores (2009) como aspectos essenciais da colaboração. As autoras alertam que isso, expressa algo mais que cooperação, pois, além de pressupor a realização de diversas atividades com objetivos e interesses partilhados por todos, considera "[...] as diferentes formas de trabalho e de relacionamento entre os membros de um determinado grupo ou equipe" (p. 768).

Com apoio nos escritos de Little (1990), as autoras advertem que a cooperação pode estar disfarçada de colaboração quando as relações permanecem no âmbito das conversas sobre o ensino, das trocas de conselhos e de técnicas e não se direcionam para a ampliação do pensamento, da reflexão e das práticas docentes. Da mesma forma, Fullan & Hargreaves (2001), pesquisadores que se aprofundaram nas questões da cultura docente e têm sido muito referenciados pelos pesquisadores brasileiros, destacam que a simples existência de cooperação entre os professores não pode ser prontamente identificada como cultura colaborativa, mas a cooperação pode estimular e facilitar a colaboração, ou seja, pode ser um passo para o trabalho conjunto que implica reflexão e responsabilidade compartilhada sobre as práticas docentes.

Fiorentini é um desses pesquisadores que juntamente com seu grupo de pesquisa, na Unicamp, têm se apoiado nas análises de Hargreaves (1998) e trazido contribuição para a identificação da dispersão semântica do termo e mapeado os múltiplos sentidos e modalidades do trabalho coletivo, entre eles a pesquisa colaborativa, a pesquisa cooperativa e a pesquisa-ação. Como indicado em artigo anterior (PASSOS, 2007), o ponto de destaque no trabalho de Fiorentini e seu grupo é a sistematização cuidadosa das pesquisas sob sua orientação, em que são discutidos aspectos que vão dos procedimentos teórico-metodológicos à contribuição desses estudos para novas pesquisas e para a formação continuada de professores.

Outra pesquisadora brasileira que, ainda na década de 1990, trouxe contribuição importante para a temática da colaboração entre pesquisadores e professores, num processo de parceria da universidade com as escolas, foi Mizukami (2003), da Universidade Federal de São Carlos. Apoiada nos estudos de Clark e colaboradores (1996), a autora explicita que esses pesquisadores concebem a colaboração "como diálogo, implicando professores e pesquisadores engajados em conversação e troca sobre desenvolvimento profissional" (p. 127). A tomada de decisão com participação democrática, a ação comum e os consensos são destacados por eles como característicos de processos colaborativos. Na perspectiva desses autores, colaboração efetiva e bem-sucedida é aquela em que todos ganham porque há interação e envolvimento conjunto para compreender qualquer situação ou questão do cotidiano escolar, e isso "envolve melhorar nossas compreensões de mundo e dos papéis dos outros por meio de diálogo partilhado, oposto a trabalho partilhado" (apud MIZUKAMI, 2003, p. 132). É nesse processo que os autores destacam como central a questão da negociação de significados com base no diálogo sobre experiências profissionais ou pessoais e o conhecimento gerado nesse processo compartilhado.

No quadro conceitual que considera a questão da colaboração, Mizukami chama a atenção para a contribuição de John-Steiner e colaboradores (1998 apud MIZUKAMI, 2003, p. 134) em relação ao cuidado e variações nos padrões de colaboração:

> Teorias de colaboração, quaisquer que sejam os seus focos, envolvem distinções e generalizações cuidadosas — por exemplo, aprendizagem cooperativa no ensino fundamental; colaboração professor-professor; colaboração professor-pesquisador; apren-

dizagem colaborativa na universidade; ou autorreflexão coletiva em projetos de ação. Quando uma teoria é sensível ao contexto, incorporada nos detalhes das atividades colaborativas, pode ajudar a detectar características significativas dessas atividades (STEINER, 1998, p. 777, apud MIZUKAMI, 2003).

Os mesmos autores ressaltam que a colaboração voltada para o produto se constitui numa variação da colaboração e que a eficiência é seu objetivo primordial e, assim, os papéis são claramente delineados. Já os papéis tornam-se mais flexíveis com divisões de trabalho respeitadas, quando as colaborações são mais integradas e "com ênfase no processo e nos resultados de emancipação" (1998 apud MIZUKAMI, op. cit., p. 135).

É nessa ótica que os grupos colaborativos podem assim ser chamados se processos de reflexão na e sobre a ação do professor se constituem no núcleo desse processo. Os autores Schön (1992) e Shulman (1986) abordam a questão da reflexão e da prática profissional e foram referências importantes na pesquisa de Mizukami, realizada em parceria com os professores da rede pública de ensino, que se voltou para o contexto profissional dos professores — a escola.

As comunidades de aprendizagem profissional

Os aspectos aqui trazidos sobre os grupos colaborativos indicam sua potencialidade para a aprendizagem da docência, para o professor refletir sobre o ensino. Esses grupos podem se constituir em comunidades de aprendizagem quando contam também com formadores de professores, coordenadores pedagógicos e pesquisadores da universidade e todos se voltam para a discussão e reflexão na direção do desenvolvimento profissional de seus participantes. Pode ser uma atividade formativa, segundo Imbernón (2009), se há a elaboração de uma cultura própria no interior do grupo e se o padrão acadêmico dominante não é reproduzido. Essas comunidades também podem ser investigativas, como indicam Fiorentini e Crecci (2016), se voltadas para a investigação sobre a própria prática profissional. Em recente entrevista concedida a esses pesquisadores, Cochram-Smith acrescenta que as perguntas que vêm dos professores é que tornam uma comunidade investigativa e não as que são impostas a eles. Para a pesquisadora, nas comunidades investigativas "há ativos questionamentos dos pressupostos, das hipóteses, investigações de práticas comuns, há uma tentativa de ser sistemático e há cuidadosa consideração às múltiplas perspectivas" (FIORENTINI E CRECI, 2016, p. 518). Para a entrevistada, não importa o nome que se dá a essas comunidades — investigativas, de aprendizagem profissional ou de aprendizagem docente —; o que importa é o que acontece dentro delas e as perguntas feitas aos participantes e respondidas para eles.

Em seus estudos sobre comunidades investigativas, Fiorentini (2013) classificou de fronteiriças as comunidades que não são monitoradas pelas universidades, como as comunidades acadêmicas, nem pelas escolas, como as comunidades escolares. Elas podem reunir interessados de diferentes origens e de comunidades diferentes, e os encontros, segundo o pesquisador, tendem a ser entremeados pelas narrativas dos acontecimentos trazidos pelos participantes, os quais se passam em suas comunidades de origem. Nessas comunidades, os assuntos, as agendas, as produções são definidas pelos próprios participantes e produzem impacto em suas vidas, tanto na pessoal como na profissional.

Outro conceito, ligado aos anteriores, é o de comunidades de prática, desenvolvido por Lave e Wenger (1991) e Wenger (2001), muito utilizado nos últimos anos no Brasil, especialmente na área de Educação Matemática. Essas autoras se fundamentam na teoria social da aprendizagem e consideram que o processo de aprendizagem de um indivíduo ocorre pela prática social, e seu convívio com outros indivíduos tem papel fundamental na constituição de si. Nas comunidades de prática, a prática se refere "ao corpo de conhecimentos, métodos, ferramentas, histórias, casos, documentos, que os membros compartilham e desenvolvem em conjunto" (RAMOS, 2015, p. 60) e ao significado que o grupo atribui a essa prática num processo de negociação.

Para finalizar

Em tempos recentes, a palavra "colaboração" passou a ser adotada nos meios políticos, empresariais e na mídia como a solução para todos os problemas, sendo então utilizada, na maioria das vezes, de forma inadequada e quase mágica para a solução de todos os problemas. O uso do termo na área educacional merece atenção constante para que não se corra o risco de sua adoção de forma ingênua nem tampouco se fortaleça o discurso de que todos os problemas da organização escolar serão solucionados se relações mais colaborativas ocorrerem no interior das escolas.

O texto buscou explorar o conceito e apontar que, além do uso social da palavra "colaboração", há, especialmente na área da Educação, um corpo de pesquisas que ajudam a demarcar o conceito e suas variações e indicar que um processo de constituição como campo de estudo se encontra em plena evolução em nosso país nos últimos vinte e cinco anos.

As pesquisas que tomam o conceito como proposta de estudo e de prática deixam claro que a evolução do termo tem exigido aprofundamento e ampliação teórica, condições indispensáveis para a constituição do campo.

Outro aspecto que se mostra fortalecido do ponto de vista dessa constituição do campo é que pesquisas que tomam os grupos colaborativos ou comunidades investigativas como objeto têm mostrado que a relação entre pesquisadores e professores das escolas e entre os próprios professores e equipes gestoras não só se ampliam, mas enriquecem a discussão e teorização da prática e, como postula Cochran-Smith (apud FIORENTINI & CRECCI, op. cit.), não só o trabalho na escola pode ser alterado, mas a base de conhecimento sobre a prática passa a aumentar com esse tipo de pesquisa. A investigadora é defensora de estudos que privilegiem a prática escolar e de professores das escolas que se envolvam cada vez mais nesse tipo de pesquisa.

As autoras desse texto têm defendido e confirmado esse posicionamento desde meados dos anos de 1990, quando ainda buscavam uma base teórica mais consistente para a análise da pesquisa de

Passos (1997), como já indicado no início desse trabalho. Naquele momento, os dados mostraram que a colaboração do coordenador pedagógico, professores e pesquisador nos encontros de estudo da prática se mostrou como possibilidade de auxiliar o trabalho do professor e influenciar mudanças na organização da escola e nas relações entre os professores e equipe gestora. Hoje, as mesmas pesquisadoras vivenciam uma experiência no Mestrado Profissional da PUC de São Paulo com formadores de professores e gestores e têm encontrado evidências nas pesquisas desses professores e gestores, do valor da pesquisa da prática e da colaboração para a aprendizagem dos professores e para seu desenvolvimento profissional.

Referências

CANÁRIO, R. A escola: o lugar onde os professores aprendem. *Psic. da Educação*, São Paulo, n. 6 (1998) 9-27.

CLARK, C. Continuing the dialogue on collaboration. *American Educational Research Journal*, v. 37, n. 4, 785-791.

FIORENTINI, D. Aprendizagem profissional e participação em comunidades investigativas. In: Seminário Práticas Lisboa. 2013. Instituto de educação da Universidade de Lisboa. *Anais do seminário Práticas Profissionais de professores de Matemática*, Lisboa, 2013, 1-26.

FIORENTINI, D; CRECCI, V. M. Interlocuções com Marilyn Cochran-Smith sobre aprendizagem e pesquisa do professor em comunidades investigativas. *Revista Brasileira de Educação*, v. 21, n. 65 (2016).

FORTE, A.; FLORES, M. A. Aprendizagem e(m) colaboração: um projeto numa EB2, 3. *Actas do X Congresso Internacional Galego-Português de Psicologia*, Braga: Universidade do Minho, 2009, 766-784.

FULLAN, N; HARGREAVES, A. *Por que é que vale a pena lutar?* Porto: Porto Editora, 2001.

HARGREAVES, A. *Os professores em tempos de mudança*. Lisboa: McGraw-Hill, 1998.

IMBERNÓN, F. *Formação permanente do professorado*: novas tendências. São Paulo: Cortez, 2009.

LAVE, J.; WENGER. E. *Situated Learning: Legitimate peripheral participation*. Cambridge: Cambridge University Press, 1991.

LORTIE, D. C. *Schoolteacher: a Sociological Study*. Chicago: The University of Chicago Press, 1975.

Lima, J. A. *As culturas colaborativas nas escolas*. Porto: Porto Editora, 2002.

Mizukami, M. G. N. *Escola e aprendizagem da docência:* processos de investigação e formação. São Carlos: EduFSCar, 2003.

Morgado, J. C. *Currículo e Profissionalidade Docente*. Porto: Porto Editora, 2005.

Passos, L. F. *A relação professor-pesquisador em projetos de pesquisa no interior da escola básica*. Tese de doutorado. São Paulo: FE/USP, 1997.

_____. A relação professor-pesquisador: conquistas, repercussões e embates da pesquisa colaborativa. *Revista Horizontes*. Itatiba: Universidade São Francisco, 2007.

Pérez-Gómes, A. I. *A cultura escolar na sociedade neoliberal*. Porto Alegre: ArtMed, 2001.

Ramos, W. R. *Observatório da Educação da PUC-SP e a formação de professores que ensinam matemática em comunidade de prática*. São Paulo: PUC-SP. Dissertação de mestrado. 2015.

Schön, D. A. Formar professores como profissionais reflexivos. In: Nóvoa, A. (org.). *Os professores e sua formação*. Lisboa: Dom Quixote, 1992.

Shulman, L.S. Those who understands: knowledge growth in teaching. *Educational Researcher*, v. 17, n. 1 (1986) 4-14.

Thurler, M. G. *Inovar no interior das escolas*. Porto Alegre: ArtMed, 2001.

Wenger, E. *Comunidades de práctica*: aprendizaje, significado e identidad. Barcelona: Paidós, 2001.

Relações interpessoais potencializadoras do trabalho colaborativo na formação de professores

Laurinda Ramalho de Almeida[1]
laurinda@pucsp.br

Introdução

> A grandeza de uma profissão é talvez, antes de tudo, unir os homens: só há um luxo verdadeiro, o das relações humanas [...]. A experiência mostra que amar não é olhar um para o outro, mas olhar juntos na mesma direção. Só há companheiros quando homens se unem na mesma escalada para o mesmo pico, onde se encontram.
> Antoine de Saint-Exupéry, *Terra dos homens* (1991, p. 32, 155).

Neste texto, abordo o tema das relações interpessoais, embora já o tenha feito outras vezes nesta mesma coletânea (ALMEIDA, 2011, 2012, 2015) por várias razões. Primeiro, porque considero improvável que um trabalho colaborativo possa acontecer tanto entre grupo de formadores como entre formadores e grupo de professores ou professores e grupo de alunos, sem que se estabeleça um particular tipo de relação entre os membros do grupo, pois a qualidade da relação é crucial nesse tipo de trabalho.

---

1. Professora Doutora do Programa de Estudos Pós-Graduados em Educação: Psicologia da Educação e vice-coordenadora do Programa do Mestrado Profissional em Educação: Formação de Formadores, ambos da PUC-SP.

Segundo, porque ouvir e falar com gestores, professores, alunos e famílias, ao longo de cinquenta anos de magistério, tem evidenciado que a temática das relações interpessoais não está ultrapassada; pelo contrário, continua atual.

Terceiro, há hoje uma razão de ordem legal para a abordagem de habilidades nas relações interpessoais em se tratando da formação de professores. A Resolução SE n° 75/2014 (DOE de 31/12/2014), em seu artigo 5°, estabelece as atribuições (para a rede pública paulista de ensino) do docente designado para o exercício de professor coordenador, entre as quais: "VI – relacionar-se com os demais profissionais da escola de forma cordial, colaborativa e solícita, apresentando dinamismo e espírito de liderança; VII – trabalhar em equipe como parceiros".

Em que pese o fato de não se tratar de atribuições, mas de habilidades de relacionamento, o legislador (que representa o Sistema de Ensino) reconhece que tais habilidades são fundamentais para a execução das funções de articulação, formação e transformação que o coordenador deve desempenhar na escola.

A escolha de *Terra dos Homens* para epígrafe tem uma explicação objetiva: expressa o que penso de minha profissão e o que espero dela. Mas, como somos razão e emoção, é a dimensão afetiva que explica o desejo de socializar com os colegas leitores essa afirmação. Com os olhos da memória, vejo um grupo de normalistas explorando com a professora de Sociologia da Educação as ideias de Saint-Exupéry sobre solidariedade, companheirismo, ideais. Essa professora tinha, como nós, professores e formadores, um duplo compromisso: ensinar conteúdos e desenvolver valores. Penso que tinha, também, um objetivo secreto: formar leitores, pois falava de livros que lia e os emprestava a quem não os pudesse comprar.

Com ela, com outros professores, com parceiros de trabalho, com alunos, como aluna e formadora, aprendi a potência das relações interpessoais a serviço do conhecimento. Descobri que os processos interpessoais são complexos e delicados, que uma fala inadequada pode levar a rupturas no relacionamento, que uma brincadeira só reforça uma relação quando agrada aos dois lados; que as relações pedagógicas e interpessoais estão imbricadas, portanto, quebras nas relações interpessoais provocam brechas nas pedagógicas, sejam nas relações formador-formando, sejam nas relações professor-aluno.

Em meus cinquenta anos de magistério, trabalhando em diferentes níveis, descobri que poucos motivos são tão poderosos como o desejo de ser ouvido e compreendido, de perceber que nossas ideias e sentimentos têm importância para o outro; mas descobri também que essa necessidade muitas vezes é frustrada, pois é mais fácil para o ouvinte agir como intérprete ou juiz e mais difícil agir com empatia, isto é, colocar-se no lugar do outro. Descobri ainda que uma relação interpessoal sem conflitos não significa necessariamente avanços nos processos formativos. Pode camuflar necessidades que ficaram latentes e impedem os avanços.

Neste capítulo, pretendo discutir a questão das relações interpessoais e, por conseguinte, da afetividade, explorando alguns incidentes críticos, aceitando uma provocação. Discutia com um grupo de Mestrandos o potencial dos incidentes críticos na pesquisa e formação em educação (ALMEIDA, 2009): "Por que não relata algumas situações que foram significativas em seu percurso formativo?". Vou fazê-lo, apresentando fragmentos de minha constituição como professora e formadora[2], procurando interpretar os incidentes críticos com base no referente teórico do psicólogo do desenvolvimento Henri Wallon.

1 – A questão das relações interpessoais na psicogenética walloniana

Nenhuma teoria consegue abarcar toda a complexidade dos fenômenos que desejamos estudar. No entanto, uma teoria, apesar das limitações que possa ter, é um instrumento para aprimorar nosso olhar para a compreensão do fenômeno, em nosso caso, o das relações interpessoais, ou seja, das relações Eu-Outro.

---

2. Na aula inaugural da turma de 2013 de Mestrado em Desenvolvimento Humano da Unitau (publicada), apresentei os incidentes que discuto neste texto (ALMEIDA, 2014b).

Escolhemos a teoria de Wallon, pela contribuição que oferece para elucidar essa questão. Embora o autor tenha dedicado apenas dois artigos especificamente a esse tema (WALLON, 1975 e 1986), sua obra deixa perceber que a relação Eu-Outro permeia todo o processo de desenvolvimento, do bebê ao idoso. O Outro não é somente necessário para garantir a sobrevivência do bebê humano, em sua fragilidade, mas para sua sobrevivência sociocultural, para agir de acordo com os padrões do grupo ao qual pertence ou pertencerá. É a resposta do Outro às suas necessidades que vai imprimir nele os modelos culturais.

Todas as análises wallonianas evidenciam a relação recíproca entre os fatores orgânicos (características da espécie e predisposições geneticamente determinadas) e os fatores sociais, mostrando que a direção tomada pelo desenvolvimento depende do meio e dos grupos em que o indivíduo está integrado. Daí o importante papel da escola, que, para Wallon, é um meio funcional, porque tem como função trabalhar o conhecimento, fazer chegar à criança, ao jovem e ao adulto o acervo cultural que a humanidade já construiu, para que possam zelar por ele e expandi-lo. No meio escolar, estão os grupos, nos quais os alunos vão deixar de ser apenas um e passam a ser nós.

Neste texto, vamos nos deter no meio social, que é fundamentalmente o espaço das relações Eu-Outro.

Na vasta obra de Wallon, podemos identificar três tipos de Outro: os Outros das relações interpessoais, com os quais o indivíduo interage por pouco ou longo tempo; o Outro referido como conceito geral, que engloba todos os Outros em sua pluralidade; o Outro Íntimo ou *Socius,* aquele Outro que se tornou parte da pessoa (ALMEIDA, 2014a).

O *Socius* ou Outro Íntimo tem, em sua constituição, elementos das relações com o Outro, com a cultura e com os diferentes meios pelos quais o indivíduo transitou. É o representante dos valores que foram introjetados nessa passagem. Wallon afirma que o *Socius* é normalmente reduzido, inoperante na maioria das vezes, mas que aparece com força toda vez que uma decisão importante precisa ser tomada: "é o fantasma do Outro que cada um traz consigo" (WALLON, 1986, p. 164). Ressalta ainda Wallon: esse fantasma regula nossas relações com o Outro; é o intermediário entre o indivíduo e os Outros concretos.

Canetti, prêmio Nobel de Literatura em 1981, em sua obra autobiográfica, ao falar de sua constituição como pessoa, expressa essas ideias:

> Desde os meus dez anos é para mim uma espécie de dogma que eu consisto em muitas pessoas, das quais de forma alguma estou consciente. Creio que são elas que determinam o que me atrai ou o que me repugna nas pessoas que encontro. Foram elas o pão e o sal de meus primeiros anos. São elas a verdadeira e secreta vida de meu intelecto (CANETTI, 1987, p. 105).

2 – Os incidentes críticos

Por incidente crítico aceito a conceituação de Peter Woods (1993):

> [...] momentos e episódios altamente significativos que têm enormes consequências para o desenvolvimento e mudanças pessoais. Não são planejados, antecipados ou controlados. São flashes que iluminam fortemente alguns pontos problemáticos. São essenciais na socialização de professores e em seu processo de desenvolvimento, dando-lhes maior segurança em sala de aula (WOODS, 1993, p. 3).

Ou seja, um incidente crítico é um acontecimento que o próprio sujeito atribui como marcante.

Escolhi, entre os muitos incidentes que me afetaram e trouxeram consequências para meu desenvolvimento profissional, apenas dois: um como professora iniciante e um como orientadora educacional. Mas, como entendo que ser professor, ser formador é uma constituição que se faz ao longo do tempo, na trajetória pessoal e profissional, enfim, que se faz a partir de todas as apropriações simbólicas e culturais do entorno no qual o indivíduo participou, começo por relatar um fragmento das experiências que tive na infância, antes da entrada na escola.

A leitura das palavras é antes precedida pela leitura do mundo, afirma Paulo Freire (2001). Minha leitura do mundo, na infância, abrange a aprendizagem da solidariedade: quantas vezes assisti ao planejamento e execução de mutirões! Tenho vívida a lembrança da construção de um galpão no sítio de minha família, onde nasci e passei os sete primeiros anos de vida. Tão logo meu pai anunciou que pretendia construir um galpão coberto para abrigar o retireiro e as vacas que seriam ordenhadas, apareceram os vizinhos, oferecendo seu trabalho e instrumentos de carpintaria. Comprado o material necessário em função do tamanho e das baias necessárias para acomodar o gado, combinou-se o dia do mutirão: um sábado, para não atrapalhar a lida da semana. Trabalharam o dia todo, com um intervalo para o almoço, preparado pelas mulheres dos trabalhadores, que vieram ajudar nessa tarefa.

Fim de tarde: onde de manhã era um terreno de terra batida, agora se erguia, imponente, um galpão, com baias e telhado. Havia no ar puro do campo, misturado com o cheiro do mato, um perfume inexplicável de sucesso, de obra terminada, de trabalho coletivo. Os mutirões me ensinaram o valor, a força e o prazer da produção conjunta, do fazer coletivo, do formar companheiros, do "olhar juntos na mesma direção".

Incidente crítico 1

Agosto de 1960. Chego à escola para assumir meu cargo como professora efetiva, recém-formada em Instituto de Educação, com o vigor dos 20 anos. Escolhera classe na capital porque havia ingressado no curso de Pedagogia da USP.

A diretora me recebe e vai logo avisando: "Sua classe é um 3° ano. Tome cuidado com a disciplina. É a pior classe da escola; tem uma turma de repetentes que só quer fazer bagunça. Não vão aprender nada mesmo, mas não deixe que atrapalhem os outros!". Algumas novas colegas, bem-intencionadas, repetem o mesmo.

Vou para a classe — 1° dia, 2° dia, 3° dia... E o que falaram se confirmava. A turma das últimas carteiras (eram alunos maiores, alguns com três anos de repetência; se ficassem na frente, atrapalhariam a visão dos demais) não se interessava por nada, e tudo era motivo para risadas e deboches. A diretora, muito enérgica, mais de uma vez me aconselha a mandar os alunos para sua sala se não conseguisse controlar a disciplina; não o faço, mas não consigo estabelecer contato com o "grupo do fundo".

O sentimento de frustração, de incapacidade de lidar com alguns alunos provocou-me a refletir sobre o que estava acontecendo, e fui procurar ajuda com uma colega do curso de Pedagogia, que me ouviu atentamente. Falar com ela sobre o problema ajudou-me a acalmar o sentimento de impotência — e raiva, algumas vezes. E intuir o que vim a confirmar com Wallon: toda vez que as emoções tomam conta, a razão diminui. E quando isso acontece o professor entra no jogo do aluno, com boas chances de perder.

Então, certa manhã, percebo um burburinho no "grupo do fundo". Redobro a atenção e percebo o grupo olhando para uma folha de papel nas mãos de Pedro, em seguida para mim, e muitas risadas. Vou até eles, que imediatamente param as risadas, e Pedro, o que sempre liderava as confusões, esconde rapidamente a folha, sob a carteira. Peço para ver, ele reluta, os outros atentos, esperando o que viria. Finalmente, acreditando que, se não entregasse, eu faria o que outros professores faziam — mandar para a diretoria, o que significava chamar os pais —, Pedro entrega o papel. Olho receosa a folha. E vejo... Um desenho primoroso da professora — eu! — vestida de odalisca, com todos os requintes da personagem. Fico com a folha na mão.

Então escolho a alternativa que me parece a mais apropriada para aquela circunstância. Falo ao menino, olhando o desenho: "Ninguém até hoje fez um retrato tão bonito de mim. Posso ficar com seu desenho?". Pedro, com desconfiança: "É para a senhora mesmo? Não é para levar para a diretora?". Eu: "É para guardar de lembrança".

Os dias se passaram... O grupo, silencioso, aguardava. Nada aconteceu, porque eu guardei mesmo o desenho por um bom tempo, porque aquele foi para mim um incidente crítico, que alimentou meu repertório para a docência. Foi um *flash* que iluminou um ponto importante de minha atuação profissional. Interpretei-o como crítico por suas consequências e pelo que aprendi com ele.

Uma manhã, no começo da aula, Pedro chegou à minha mesa e disse, com muita seriedade: "Professora, não vai ter mais bagunça em sua aula. Vou tomar conta. Deixa comigo". Aproveitei para estabelecer com ele alguns combinados: o importante não era só não fazer bagunça, mas prestar atenção às explicações, fazer as lições, perguntar quando não estava entendendo, não parar quando encontrava alguma dificuldade. E passei a me aproximar mais do "grupo de trás", para acompanhar seu desenvolvimento. Às vezes, não sabia equilibrar a atenção para todos, pois cheguei a receber reclamações dos "da frente".

Ao final do ano, Pedro e a maior parte do seu grupo foram aprovados e, no último dia de aula, quiseram tirar uma foto com a professora.

Incidente crítico 2

Agora como orientadora educacional. Era constantemente procurada na sala de orientação por um aluno da 7ª série. Marcos vinha relatar seus problemas com a professora de Arte, considerada excelente pelos colegas e alunos. Observando a aula — o que era uma rotina estabelecida com os professores — e conversando com outros alunos, constatei o que Marcos falara: "Ela aceita tudo o que os outros fazem, mas é só eu fazer uma coisinha, e lá vem bronca". Ocorre que Marcos passara a ficar desatento em outras aulas.

Conversei com a professora, que primeiro tentou justificar seu procedimento porque "ele é mesmo desatento, não se esforça; ele me deixa com raiva, algumas vezes".

Eu: "Mas outros alunos agem como Marcos e você os aceita. Por que a diferença? Você não quer refletir sobre isso? Conversamos sobre o assunto outro dia, quando você estiver disposta a discutir o caso".

Na outra semana, fui procurada por ela. "Confesso que não sei como lidar com ele e, ao pensar sobre o que acontece, provocada por você, acho que descobri o porquê dos nossos atritos. Marcos se parece muito, nos comportamentos e até no físico, com um irmão que me perturba muito, com quem tenho desavenças sérias. Isso gerou em mim um sentimento, não sei bem qual, de ir contra tudo o que Marcos faz. Mas acho que agora posso reverter a situação."

3 – O Eu e o Outro dos incidentes críticos

Wallon revelou, em seus escritos, uma excepcional visão para a importância da empatia — colocar-se no lugar do outro, particularmente da criança, para compreendê-la do ponto de vista dela. Em um de seus livros clássicos, *A evolução psicológica da criança,* afirma: "A criança não sabe senão viver sua infância. Conhecê-la pertence ao adulto. Mas o que vai prevalecer nesse conhecimento: o ponto de vista do adulto ou o da criança?" (WALLON, 2007, p. 11).

Seu foco é sobre a infância, porque, estudioso que era da Psicologia Genética, preocupou-se em identificar as origens das funções afetivas, cognitivas e motoras, e isto ocorre na infância. No entanto, suas afirmações valem para o jovem, o adulto, o idoso. O que nos leva a afirmar que a eficácia de qualquer processo formativo se fundamenta no conhecimento das necessidades, limitações e possibilidades do formando e do formador — do ponto de vista deles.

É essa perspectiva que vai fundamentar nossa análise.

Incidente crítico Pedro

A teoria walloniana permite uma boa interpretação para esse incidente: postula que a emoção tem um poder plástico, expressivo e contagioso. Por essas características, é um bom instrumento para o professor "ler" seu aluno. Eu "li" o desinteresse dos "alunos do fundo" pelo ensino que lhes oferecia. Mas me deixei perturbar pela situação de indisciplina e não enxerguei os pontos nos quais poderia me apoiar, pois os contornos de uma imagem mais clara, que resultasse de comparações, de previsões, de reflexões, só poderiam nascer com a redução da emoção. O conversar com outro mais experiente, no meu caso, ajudou-me a reduzir o poder da emoção e a ampliar o uso da razão.

Por sua vez — pensando agora em Pedro —, como a afetividade energiza o cognitivo e vice-versa, quando Pedro sentiu-se aceito, valorizado, percebeu-se sem pressões, ficou à vontade para revelar suas dificuldades e erros e aprendeu o que lhe faltava para avançar. As energias que gastava com as pressões, repreensões, provocações, medo das consequências passaram a ser gastas para aprendizagem. E passou a contagiar os colegas, agora de forma positiva.

Em um raciocínio dialético, Pedro foi um Outro concreto que me fez refletir sobre minha prática e eu fui um Outro para Pedro, que lhe permitiu avanços em seu desenvolvimento cognitivo e afetivo.

Mas há outros Outros nesse incidente. A diretora e as professoras que, com a intenção de ajudar-me, apresentaram um quadro de crianças desinteressadas, desatentas, "que não vão aprender nada mesmo, mas não deixe que atrapalhem as outras crianças", foram Outros concretos, reais, com quem mantive relações interpessoais no contexto de trabalho; foram Outros que não se preocuparam em compreender o que eu estava sentindo, tampouco com a aprendizagem das crianças que rotularam de incapazes; agiram como juízes e intérpretes. A colega do curso de Pedagogia foi, em nossas relações interpessoais, um Outro também concreto que me ajudou, pois ouviu meu problema, compreendeu minha frustração, colocou-se no meu lugar, com empatia.

Mas acredito que o motivo que me levou a não desistir de Pedro e dos outros em igual situação a dele, a estar aberta para a oportunidade que se me apresentou para adquirir a confiança deles veio de meus *Socius* ou Outros Íntimos. Meus *Socius* traziam elementos das relações com muitos Outros com quem me relacionei e que deixaram marcas em mim; articulavam elementos antigos e novos de minhas experiências. Em um momento de decisão importante para minha atuação como professora iniciante — desistir de um grupo de alunos considerados irrecuperáveis em benefício de outros que poderiam avançar mais, ou investir neles, sem prejudicar os demais —, dialoguei com meus *Socius*, que representavam, na verdade, os valores que introjetei dos vários meios pelos quais passei: o valor da solidariedade, fortemente vivido em minha infância rural; a importância do conhecimento escolar vivido na família; o valor do respeito a cada um em sua singularidade, revelado na disponibilidade que muitos de meus professores tiveram para tornar mais fáceis conceitos que pareciam inacessíveis para alguns alunos.

Meus *Socius*, aqueles Outros íntimos não concretos, mas que faziam parte de mim, fruto da internalização das experiências grupais que vivenciei, me ajudaram a tomar a decisão, que foi acertada, porque trouxe benefícios a mim e aos alunos.

Incidente crítico Marcos

Temos, nesse incidente, três duplas de Eu-Outro: orientadora e professora; professora e Marcos; Marcos e orientadora.

Orientadora e professora. Um dos polos dessa relação, a orientadora, apresenta-se diferente da professora iniciante do primeiro incidente. Trata-se agora de uma profissional mais experiente, que estudara a literatura pedagógica referente à sua área, que realizara estágios, que fora professora, que vinha de uma trajetória que implicava relações com muitos Outros, Outros concretos de relações interpessoais, Outros virtuais da literatura pedagógica e literatura em geral. Esses Outros se articularam aos da infância, da família e da formação primária e secundária. Todos esses Outros das muitas experiências vividas em diferentes grupos a constituíram profissional e deram-lhe segurança para sugerir à professora que refletisse sobre sua relação com Marcos.

Entra em cena, novamente, para interpretar o incidente, o par emoção-razão. Como o conjunto afetividade (emoções, sentimentos, paixão) está imbricado no conjunto cognitivo e no motor, qualquer atividade dirigida a um deles interfere nos demais. A ação da orientadora de intervir, não como juiz ou intérprete, mas interessada na compreensão da situação, do ponto de vista dela (professora), alterou a predominância emocional ("ele me deixa com raiva algumas vezes") e deu lugar à razão. Permitiu-lhe procurar os motivos que a levaram a tratar Marcos de forma discriminatória, e os encontrou fora da escola. Na medida em que percebeu estar sob o controle do Outro (irmão), propôs-se mudar. A raiva que sentiu algumas vezes e "um sentimento não sei bem qual", a frustração por se perceber não conduzindo bem a situação foram atenuados e a razão prevaleceu, o que corrobora a afirmação de Wallon de que a emoção tem o poder de invasão, que impede a reflexão. Possivelmente, engolida pelas exigências do cotidiano, não tivera tempo para questionar, para problematizar. A orientadora provocou, de forma não inquisitiva, a reflexão que se fazia necessária.

Com a dupla professora-Marcos, entramos no campo das relações professor-aluno-conhecimento e no contágio das situações. Sentir-se incompreendido pela professora, não ser aceito como os demais da classe, levou Marcos a desinteressar-se pela aula de Arte. É a evidência de que as relações interpessoais e pedagógicas estão imbricadas e que quebras nas relações interpessoais provocam quebras nas pedagógicas. A quebra na relação com a professora provocou o desinteresse pela disciplina e, também, por outras disciplinas. A escola, como um todo, não era mais um espaço onde se sentia confortável. Evidentemente, outros fatores podem ter favorecido esse desinteresse, mas é bem provável que o desentendimento professor-aluno tenha sido o desencadeador.

Outra dupla, cuja relação é menos explícita, é a relação do aluno com a orientadora, que mantinha a porta de sua sala aberta para receber alunos e professores. Ter um Outro para conversar sobre o que acontece, para ser ouvido com compreensão, saber que há um lugar onde sua queixa é acolhida é um fator que mostra ao aluno e ao professor que ele é importante na escola.

4 – E o coordenador pedagógico?

Neste ponto do texto, embora tenha gostado do que escrevi (pois foi uma oportunidade de me narrar), surgiu uma inquietação: os leitores coordenadores vão sentir-se contemplados? Tentei colocar-me no lugar deles e decidi abrir este tópico.

As escolas hoje contam com outros profissionais, diferentes daqueles com que aconteceram os incidentes relatados, embora na maioria delas não exista mais o orientador educacional. No entanto, entendo que os coordenadores pedagógicos integram em sua constituição identitária a representação histórica da função do orientador educacional, que, via de regra, surgiu nas escolas antes da coordenação pedagógica, o que os leva a tentar dar conta de atender não só o que é próprio de sua função, que é trabalhar a dimensão pedagógica, articulando, formando e transformando, mas também questões que fogem ou tangenciam o pedagógico.

Gerir conteúdos curriculares e relações interpessoais para dar conta do pedagógico, que lhes é próprio, é tarefa desgastante, e maior fica o desgaste físico e emocional porque tentam atender os professores em outras demandas. Uma demanda que chega, com frequência, e, via de regra, com predominância emocional, é a referente ao que os professores consideram questões de indisciplina. Se, ao cuidar dessas questões, o coordenador zelar para evitar o contágio emocional, para que a razão predomine (e sua experiência na parte pedagógica e relacional deve permiti-lo), a probabilidade de a questão ser bem resolvida será maior.

Uma teoria de desenvolvimento é um recurso útil, tanto para o coordenador compreender professores e demais agentes educativos em seu cotidiano como para oferecer aos professores subsídios para que estes entendam melhor o comportamento de seus alunos, e tenham parâmetros para uma apreciação crítica de sua própria prática. Aprecio a teoria de Wallon porque esta assume que todos os aspectos do desenvolvimento, motor, afetivo e cognitivo, resultam da interação das condições orgânicas com o meio físico e social, e, sendo a escola um meio social, tanto pode favorecer como barrar o desenvolvimento. Uma teoria que evidencia:

> É no entrelaçamento com o motor e o cognitivo que o afetivo propicia a constituição de valores, vontades, interesses, necessidades, motivações que dirigirão escolhas, decisões ao longo da vida.
> O afetivo é, portanto, indispensável para energizar e dar direção ao ato motor e ao cognitivo. Assim como o ato motor é indispensável para expressão do afetivo, o cognitivo é indispensável na avaliação das situações que estimularão emoções e sentimentos (MAHONEY, 2016, p. 18).

O professor pode não ter tempo para, sozinho, estudar a psicogenética walloniana ou outra teoria de desenvolvimento que o afete, mas certamente ficará satisfeito ao descobrir que o conhecimento de uma teoria pode ajudá-lo, porque lhe oferece subsídios para questionar e enriquecer sua prática e para escolher com maior autonomia e segurança entre alternativas de ação que se apresentarem.

Ao discutir a questão Eu-Outro, meu propósito foi enfatizar que, para o aluno, o professor é sempre, queira ou não, um Outro importante para seu desenvolvimento cognitivo e afetivo. E pode tornar-se o "fantasma do Outro que cada um traz consigo" (WALLON, 1986, p. 164), sendo referência para valores, interesses, necessidades.

Creio que esta pode ser uma proposta de atuação do coordenador: dar evidências aos professores que valores de justiça, solidariedade e outros são construídos no cotidiano da escola e, principalmente, nas relações em sala de aula, nos vínculos que se estabelecem entre professor e alunos e alunos-alunos. Relações que tenham por base o acolhimento, a escuta empática e a abertura à experiência do outro.

Vale lembrar ainda que o coordenador é um Outro para os outros da comunidade escolar e pode deixar neles marcas que os ajudem a tomar decisões adequadas ao longo da vida.

5 – Considerações finais

Escolhi dois incidentes críticos que foram importantes para meu desenvolvimento profissional, os dois com finais felizes. Foi proposital? Sim e não. Tive alguns que me causaram sofrimento, porque não tiveram finais felizes, e aprendi com eles. Mas devo confessar que minha trajetória profissional propiciou-me situações favorecedoras de bons resultados, e eu soube aproveitá-las. Nas relações de trabalho, nos processos formativos de que participei, como formanda e formadora, nas relações com alunos, entrei em contato com muitos Outros que favoreceram meu desenvolvimento profissional. Alguns deles se tornaram meus *Socius*; no diálogo com alguns ratifiquei decisões, com outros tive embates.

Por que escolhi esses dois incidentes, e não outros?

O primeiro incidente porque, embora tenhamos hoje políticas educacionais destinadas ao professor iniciante, o "choque com a realidade" ainda persiste, seja por formações iniciais deficitárias, seja pela ausência de políticas públicas que valorizem o profissional professor, o que pode levar à desistência do magistério, ou a pensar, algumas vezes, em "deixar de lado" alguns alunos, o que levaria a uma situação de inclusão com exclusão.

Outro fator a considerar, que, via de regra, não é levado em conta é referido por Wallon: toda situação nova provoca imperícia, e a imperícia gera insegurança, até com descontrole de movimentos. Quando o professor é acolhido na escola com essa compreensão, sua adaptação é facilitada.

O segundo incidente, eu o relatei porque aponta uma intencionalidade da orientadora: mobilizar a professora para uma reflexão. E por revelar que as intervenções formativas não têm uma receita que valha para todas as situações. O sucesso da intervenção é decorrente da relação formador-formando que se estabelece. Quando o professor sente que o Outro tem uma escuta verdadeira, que há alguém que deseja compreender suas razões, e que é a partir da escuta desse Outro que o caminho vai se abrir, o encontro formativo flui.

Por que decidi falar de relações interpessoais por meio de incidentes críticos? Porque entendo que toda aprendizagem, intencional ou não, é um processo socialmente situado e que os incidentes críticos são facetas desse social. Porque acredito que a formação não se reduz à dimensão cognitiva, mas que o objetivo da formação (seja a construção de conhecimentos curriculares ou de práticas pedagógicas, seja para o desenvolvimento de habilidades de relacionamento, seja para debater atitudes e valores) passa pela integração cognitivo-afetiva na pessoa do formando; e a discussão de incidentes críticos é um bom instrumento para isso. Finalmente, porque concordo com os versos de Thiago de Mello (1984) em "Faz escuro, mas eu canto"; considera-os verdadeiros:

> O que passou não conta? Indagarão
> as bocas desprovidas.
> Não deixa de valer nunca.
> O que passou ensina
> com sua garra e seu mel.

Referências

ALMEIDA, L. R. de. O incidente crítico na formação e pesquisa em educação. *Educação e Linguagem*, v. 12, n. 19 (2009) 181-200.

_____. A questão do Eu e do Outro na psicogenética walloniana. *Estudos de Psicologia*. Campinas, v. 31, n. 4 (2014a) 595-604.

_____. Como me constituí professora: explicitando o implícito. *Revista Ciências Humanas*. Taubaté, v. 7, n. 1 (2014b) 4-26.

_____. O relacionamento interpessoal na coordenação pedagógica. In: ALMEIDA, L. R.; PLACCO, V. M. N. S. (orgs.). *O coordenador pedagógico e o espaço da mudança*. São Paulo: Loyola, 2012.

_____. O coordenador pedagógico e a questão do cuidar. In: ALMEIDA, L. R.; PLACCO, V. M. N. S. (orgs.). *O coordenador pedagógico e questões da contemporaneidade*. São Paulo: Loyola, 2011.

_____. A dimensão relacional no processo de formação docente. In: BRUNO, E. B. G; ALMEIDA, L. R.; CHRISTOV, L. H. (orgs.). *O coordenador pedagógico e a formação docente*. São Paulo, Loyola, 2015.

CANETTI, E. *A língua absolvida*. São Paulo: Companhia das Letras, 1987.

FREIRE, P. *A importância do ato de ler: em três artigos que se completam*. São Paulo: Cortez, 2001.

MAHONEY, A. A. A constituição da pessoa: desenvolvimento e aprendizagem. In: MAHONEY, A. A.; ALMEIDA, L. R. (orgs.). *A constituição da pessoa na proposta de Henri Wallon*. São Paulo: Loyola, 2016.

MELLO, T. de. *Canto geral*. Rio de Janeiro: Civilização Brasileira, 1984.

SAINT-EXUPÉRY, A. de. *Terra dos homens*. Trad. Rubem Braga. Rio de Janeiro: Nova Fronteira, 1991.

WALLON, H. Níveis e flutuações do Eu. In: WALLON, H. *Objectivos e métodos da Psicologia*. Lisboa: Editorial Estampa, 1975 (trabalho original publicado em 1956).

_____. O papel do Outro na consciência do Eu. In: WEREBE, M. J.; NADEL-BRULFERT, J. (orgs.). *Henri Wallon*. São Paulo: Ática, 1986 (trabalho original publicado em 1946).

_____. *A evolução psicológica da criança*. São Paulo: Martins Fontes, 2007 (trabalho original publicado em 1941).

WOODS, P. *Critical events in Teaching and Learning*. Londres: The Falmer Press, 1993.

A constituição identitária de professores em contexto

Vera Maria Nigro de Souza Placco[1]
veraplacco@pucsp.br

Vera Lucia Trevisan de Souza[2]
vera.trevisan@uol.com.br

Por que falar em constituição identitária de professores em um capítulo de livro destinado a coordenadores pedagógicos? O que justifica o uso do conceito de identidade, por vezes refutado por pesquisadores, visto seu caráter complexo e de difícil apreensão? Que contribuições efetivas uma abordagem da identidade profissional pode dar à compreensão da atividade do coordenador pedagógico?

Refletir sobre essas questões é o que se pretende neste capítulo, de natureza ensaística, tendo em vista a ampliação do conhecimento sobre o processo de constituição de uma profissão. Alertamos: não se trata de discutir pesquisa, tampouco a formação ou prática profissionais, mas de adensar os dilemas humanos envolvidos no processo de tornar-se professor e coordenador pedagógico. Nessa direção, importa apresentar algumas premissas que sustentarão o ensaio que se anuncia: defendemos a formação de professores como estando no centro das atividades do CP, por um lado; e a profissão de CP como constituída no e pelo social, no processo de interação

---

1. Mestre e doutora pela PUC-SP, professora titular da PUC-SP, nos programas de estudos pós-graduados em Educação, Psicologia da Educação e Educação: Formação de Formadores.
2. Mestre e doutora pela PUC-SP, professora do programa de pós-graduação em Psicologia, da PUCCamp – SP.

que o profissional estabelece no contexto escolar, na relação com os professores, com os alunos, com os pais, com a gestão e com os administradores governamentais da educação escolar, por outro. Ou seja, a constituição da coordenação pedagógica pelo sujeito que a exerce deriva da formação identitária que se assenta no processo de atribuição e pertença por ele vivenciado.

Admitir o papel da constituição identitária nesse processo é relevante, quando dados de pesquisas recentes sobre o CP no Brasil (PLACCO et al., 2011) revelam que a grande maioria dos CP está há pouco tempo na função, o que remete a compreensão das atividades do CPs a aspectos de ordem formativa, de história e experiências pessoais, colocando em relevância o *contexto* em que ele atua. Confere-se, portanto, maior complexidade à explicação do que seria necessário para o desempenho da função desse profissional, com vistas à formação ou ao desenvolvimento de políticas públicas.

Logo, pretende-se refletir sobre a constituição identitária de professores para oferecer subsídios à atuação do CP na formação que leva a cabo no interior de sua escola, chamando a atenção para a dimensão que os diversos papéis desempenhados pelo professor, em função de suas atribuições, assumem no movimento das formas identitárias que se implicam dialeticamente na docência por ele exercida.

A primeira parte deste capítulo aborda a formação identitária no trabalho, conforme a define Claude Dubar, sociólogo francês que se dedica a compreender como os profissionais chegam a ser o que apresentam em suas atividades profissionais. Ainda que o autor não tenha estudado profissionais da área da educação, seus estudos e conceitos são potentes para a compreensão que se pretende aqui oferecer. Busca-se, neste primeiro momento do capítulo, relacionar os conceitos abordados pelo referido autor a um famoso seriado inglês, Downton Abbey — que se passa no interior da Inglaterra, no início do século XX, durante e após a Primeira Guerra Mundial —, justamente pela abertura que a trama oferece para este tipo de relação. Tal intento visa tornar mais evidente a explicação dos conceitos e, por conseguinte, sua compreensão. Também se intenta, de modo subjacente, oferecer uma forma de trabalhar com conceitos em formação de professores relacionando-os com a literatura ou mesmo outras materialidades mediadoras[3].

O segundo momento do capítulo apresenta sugestões de atividades formativas que considerem a identidade de seus participantes, com vistas à proposição de avanços no processo de formação continuada em contexto.

A constituição identitária na relação com o contexto

Nem sempre, ao afirmarmos a importância do contexto para a formação e constituição identitária de professores, nos damos conta do peso exercido por esse contexto e da extensão desse peso. Nem sempre, também, fica claro como as mudanças nesse contexto repercutem no comportamento e na forma de pensar dos professores.

Conforme anunciado, neste texto tentaremos relacionar os pressupostos teóricos sobre Identidade Profissional, de Claude Dubar (2005), às nossas compreensões sobre a constituição identitária de professores em contexto, a partir de uma situação ficcional, em que o contexto joga um papel primordial na constituição dos envolvidos.

Ao estudar identidade no trabalho, Dubar propõe uma forma de compreender a influência do trabalho na configuração das identidades dos trabalhadores. Similarmente, tentamos compreender a constituição identitária dos professores, analisando, como Dubar, como se dá o jogo de forças entre o que a instituição ou outros atores esperam do profissional — no caso dos professores, a escola, as famílias, os estudiosos da educação, o sistema de ensino — e o que os professores revelam, em sua ação pedagógica, em suas práticas em sala de aula ou em relação à aprendizagem de seus alunos.

Segundo Dubar (2005), esse movimento ou jogo de forças entre o que se espera de um profissional e como esse profissional respon-

---

3. A expressão *materialidade mediadora* vem sendo usada pelo grupo de pesquisa Processos de Constituição do Sujeito em Práticas Educativas, liderado por uma das autoras, ligado ao programa de pós-graduação em psicologia da PUC de Campinas, para nomear atividades de pesquisa ou intervenção em que se utiliza da arte como forma de suscitar a reflexão e a expressão dos participantes.

de a essas expectativas assume a forma do que ele chama de uma tensão permanente entre atos de atribuição e pertença. Essa tensão caracteriza um processo de construção/desconstrução/reconstrução da identidade, configurada nas/pelas identificações/não identificações assumidas pelos sujeitos, nas/pelas relações sociais. Tomemos a ficção como exemplo para melhor compreender esse processo:

Uma família nobre inglesa, moradora de um castelo ancestral (Downton Abbey), representa os valores e comportamentos esperados pela tradição, revelados por um cotidiano em que os homens (no caso, o Conde Grantham) supervisionam as propriedades da família, sendo responsáveis pelas famílias plebeias que habitam e trabalham em suas terras e cidades, vivendo a nobreza dos frutos desse trabalho. Essas atividades, portanto, que correspondem às atribuições de uma tradição ancestral, constituem a forma identitária cultural desses homens como supervisores de propriedades e fiscais do trabalho de seus empregados. Entretanto, o modo de se constituir supervisor dependerá das identificações ou não desses personagens com essas atribuições. Veremos adiante como isso se dá.

As mulheres nobres, por sua vez, cumprem seu papel de esposas e mães, passando o tempo em visitas umas às outras, em castelos vizinhos, se preparando/vestindo para as refeições cotidianas e festas com o mesmo empenho e apuro. De modo análogo ao que sucede com os homens, as atribuições cabíveis às mulheres pela tradição são ser esposa e mãe, o que implica atividades como relacionar-se com a vizinhança, dedicar-se ao preparo das refeições (supervisão) e à preparação para as festas. De antemão, poder-se-ia dizer, segundo o que preconiza Dubar (2005), que os principais elementos constituintes das formas identitárias de homens nobres e de mulheres esposas/mães são ligados a propriedades e empregados a supervisionar, e marido e filhos a cuidar. Ou seja, são os outros que atribuem e repõem as atribuições ao sujeito que, respondendo a elas, de modo singular, se identifica/não identifica com essas atribuições, ou se identifica parcialmente, assumindo, portanto, pertenças que se diferenciam justamente em função de tais singularidades. Foi isso que pudemos observar no desenrolar da trama em relação a vários personagens.

Para que o cotidiano desse contexto se organize e se efetive, há um enorme contingente de criados, camareiras, lacaios, copeiros, cozinheiras e uma governanta, contingente esse gerido por um mordomo, que representa, em seu comportamento, a nobreza e o valor daquela casa. É possível dizer, também, que a função de mordomo só se viabiliza pelos empregados que estão sob sua supervisão, o que o coloca na condição de supervisor, atribuição que lhe é conferida pelos patrões. Provavelmente, o fato de representar a nobreza e seus costumes confere grande valor à função de mordomo, o que promove a identificação do personagem à sua função. E no que concerne à identidade dos demais personagens — empregados, filhos, noras, genros, sogras etc.? Como poderíamos analisar sua constituição identitária?

Cada um dos personagens assume, de maneira inequívoca, as atribuições e expectativas sociais que lhes são postas, seja ele nobre, seja ele serviçal: o nobre se responsabilizando por suas terras e pelos habitantes de seu condado, representando os ideais de retidão e de adesão às normas/regras sociais de sua classe, a esposa cumprindo seus deveres de esposa, mãe e anfitriã, assim como o de guardiã, juntamente com o marido, das regras sociais vigentes. Das filhas, em geral, se espera obediência aos comportamentos esperados e a adesão aos princípios morais/sociais.

Em relação aos criados, não é diferente. O mordomo, Mr. Carson, representa e exige dos demais criados respeito e obediência às normas e regras da casa e da classe social dos nobres. Assume, perante o grupo de serviçais, papel hierárquico de destaque, o que, como já dissemos, promove a identificação com as atribuições que lhe são postas.

Na dinâmica desse contexto, surgem: a busca por um herdeiro, entre os parentes colaterais do Conde, após a morte do herdeiro oficial, no naufrágio do Titanic; a presença desse herdeiro, Matthew, que, embora (sic) de origem nobre, é advogado e trabalha como tal; as ideias políticas do chofer da família, Branson (que se diz socialista); os acontecimentos que abalam a realeza, como a 1ª Guerra Mundial; a transformação do castelo em local de recuperação de oficiais feridos na guerra; o trabalho de uma das filhas do conde, Sybil, como enfermeira e seu envolvimento com o chofer da família; sua morte, no parto da filha; a morte do herdeiro, Matthew, em acidente de carro; o nascimento de seu herdeiro; as mudanças na maneira de ver o trabalho, as mulheres e a hierarquia social. Todos esses eventos contribuem para uma rápida e radical mudança na família e, especialmente, na sociedade inglesa pós-guerra, o que influencia os comportamentos dos participantes da série, ao mesmo tempo que o Conde e seu mordomo tentam manter os mesmos comportamentos e ideias que caracterizavam seu contexto tradicional.

Todas essas mudanças de natureza contextuais e históricas produzem grande transformação nas identidades dos personagens, ainda que essas mudanças demorem a aparecer. A resistência a incorporar tais transformações é geradora de sofrimento, de modo análogo ao que ocorre com profissionais que se recusam a mudar quando evidências do contexto, como a escola, por exemplo, demandam novos modos de relações e novas formas de atuação.

Voltando ao seriado, um exemplo de mudança pode ser observado quando Mary, a filha mais velha do Conde, ao casar-se com o herdeiro, Matthew, é afetada pelos ideais e comportamentos que ele representa, buscando conciliar aspectos tradicionais de sua classe social e as necessidades de mudanças na maneira de gerir as propriedades e as relações com os camponeses. Esses processos de mudança identitária, para Dubar (2005), produzem crises ou rachaduras que vão configurando outras formas identitárias, em um processo dialético permanente. As formas identitárias, segundo Dubar (2009), podem ser organizadas com base em dois eixos: o comunitário e o societário. O eixo comunitário se relaciona com comunidades, nas quais há um processo reprodutivo das formas e relações sociais, em que os indivíduos são reconhecidos por nomes (de famílias ou clãs, por exemplo) e ocupam os mesmos lugares, geração após geração. A comunidade oferece fontes essenciais de identificação, constituindo-se como grupos e sentimentos de pertença — fazer parte de uma mesma comunidade. Parece ser essa a forma identitária característica do modo de funcionar dessa família, até o momento em que a tradição começa a dar lugar a outros modos de gerir as relações e as propriedades, iniciados por Matthew, que, ironicamente, é herdeiro do título da família e das terras — herdeiro das terras, mas não dos costumes. Essa passagem da série exemplifica muito bem o que está na base da mudança de formas identitárias: a crise, aspectos que retomaremos mais adiante.

O eixo societário se constitui de relações coletivas múltiplas e transitórias, nas quais os sujeitos participam por períodos limitados, ao mesmo tempo que mantêm outras pertenças, em outros locais de que participam. As pertenças não são herdadas, mas envolvem escolhas pessoais e são mantidas de acordo com os compromissos ou interesses motivados racionalmente. É bem possível que essa seja a forma identitária apresentada por Matthew, como advogado que era, e assumida claramente no contexto pós-casamento.

Segundo o autor, essas duas formas se combinam ao longo da vida, em configurações diversas (predominância alternada de um ou outro eixo, comunitário ou societário). Essas configurações decorrem, entre outros fatores, das crises, isto é, se dão quando há discordância entre o atribuído e o assumido, quando há desacordo entre a forma identitária conferida à pessoa e aquela que ela mesma se atribui. Assim, Matthew precisa responder às diferentes atribuições que lhe são feitas: pelo Conde Grantham e pela família, como herdeiro do título e das terras, e por si mesmo, como advogado, que viveu até sua idade adulta fora dos círculos da nobreza. Nesse caso, são acionadas, no indivíduo, estratégias identitárias, tendo em vista acomodar ou diminuir a distância entre as duas identidades, ou ainda buscar-se proteger as identificações anteriores do indivíduo e/ou seu desejo de construir novas identidades, tentando assimilar a "identidade para o outro" à "identidade para si", na busca de superação da contradição. Parece também ser este o movimento vivido por Sybil, filha mais nova do Conde, que, influenciada pelos ideais socialistas de seu companheiro, dedica-se ao trabalho e à prestação de serviços, defendendo, ao lado dele, a independência da Irlanda e outros ideários sociais, deixando a casa paterna e se mudando para Dublin com o marido, de onde volta por questões políticas e para ter seu bebê. No caso de Sybil, pode ter ocorrido o que Dubar (2005) denomina de ruptura, quando se rompe com formas identitárias, abandonando-se as atribuições e os valores a elas atrelados para aderir a novos valores, ocorrendo novas identificações que geram pertenças que transformam o modo de ser e agir do sujeito.

A importância do contexto na promoção da mudança das formas identitárias fica patente quando observamos outros personagens da série, como Edith, a filha do meio, que, por não ter se casado, busca sua independência, escrevendo para revistas populares e mantendo relacionamentos nem sempre socialmente aceitáveis para sua classe social. Eis mais um exemplo de ruptura, que provoca abalos nas formas identitárias que até então tinham a aparência de formas estáticas, firmes, fortemente enraizadas nos valores das tradições, muito bem guardadas e exercidas pela velha Lady Grantham, cuja postura de censora e mantenedora dos costumes e regras sociais faz que ela controle e manipule os demais membros da família. As mudanças sociais, econômicas e políticas, no entanto, são inexoráveis e conduzem a velha Condessa a atitudes e comportamentos que negam os princípios tradicionais inicialmente defendidos por ela, mostrando uma faceta sua mais flexível e disponível a mudanças.

No âmbito dos professores, sua constituição identitária se dá no contexto das atribuições emanadas do sistema educacional em que está, dos colegas professores, do CP e demais gestores, dos alunos e pais, com quem convivem *naquela escola, naquele momento*. A partir dessas múltiplas atribuições, movimentos identitários são gerados, identificações e não identificações acontecem, plasmando constituições ou constelações identitárias únicas e contingenciais. Esses movimentos provocam formas únicas de como o professor se narra (identidade para si) e de como é narrado pelos demais (identidade pelo outro).

A compreensão desse movimento constitutivo nos ajuda na análise dos processos formativos de professores, uma vez que a construção, desconstrução e reconstrução identitária se revela e se realiza no contexto de trabalho e formação do professor. A busca pela compreensão desse contexto nos exige a leitura e interpretação do que Dubar chama "mundos vividos" por esses atores.

"Mundos vividos" são definidos por Dubar (2005) como "as realidades vividas no trabalho com os colegas, os superiores, com a organização" (PLACCO et al., 2012, p. 169). Assim, ao compreender e narrar o mundo em que se vive, são apreendidos "os significados e sentidos de tais vivências para si e para o outro, com o outro" (ibid.).

Quando se refere à identidade, Dubar prefere usar a expressão *formas identitárias*, explicitando que, nos diferentes contextos ou em diferentes momentos, ou diante de situações novas e diversificadas, várias identidades são assumidas, em resposta à tensão entre as diferentes atribuições recebidas e as diferentes identificações com diferentes atribuições, reveladas como pertenças. Assim, entre o que os outros dizem ao sujeito que ele é e aquilo com que o sujeito se identifica, diferentes identidades — ou formas identitárias — emergem.

Essas formas identitárias têm um cunho individual — decorrem das escolhas e adesões do indivíduo, mas são também coletivas, dado que emergem das atribuições e olhares do outro. São chamadas, assim, por Dubar (2005, p. XXV), de "identidade para si" e "identidade para o outro", ambas inseparáveis e constituintes da identidade do sujeito. Foi esse o movimento que tentamos demonstrar, ao relacionar as formas identitárias com o vivido pelos personagens de Downton Abbey, para aludir ao movimento do contexto que, mesmo numa época em que as coisas pareciam mais estáveis, em que as tradições tinham força descomunal para ditar regras e valores, se apresentam formas identitárias que rompem com a tradição. Sua força tensional entre as atribuições e as pertenças é tal que crises se instauram e rupturas anunciam e instalam novos tempos, novos valores, novas singularidades.

É para esta dimensão de dinâmica característica das formas identitárias enquanto modo de ser docente que queremos chamar a atenção do CP: é preciso assumir o contexto escolar como dinâmico, enfrentar o desafio da mudança, do rompimento de formas identitárias que não mais se sustentam ante as demandas que se apresentam ao ensino e aprendizagem escolares. E o CP tem papel fundamental neste processo formativo, do outro e seu próprio.

Entendendo, portanto, que o processo de constituição identitária se dá no âmbito das relações humanas e sociais, no processo de socialização, assumimos com Dubar (2005):

[...] o conceito de identidade como um processo constitutivo do sujeito, produzido e construído nas interações com outras pessoas, processo esse permanente e dialético, caracterizado por tensões entre o que se diz ao sujeito que ele é e o que o sujeito se apropria como seu, em um movimento de identificação, não identificação e diferenciação (PLACCO et al., op. cit., p. 170).

Com essa definição, chamamos a atenção para a concepção de Dubar (2005, p. 136) de que a identidade corresponde ao "resultado a um só tempo estável e provisório, individual e coletivo, subjetivo e objetivo, biográfico e estrutural, dos diversos processos de socialização que, conjuntamente, constroem os indivíduos e definem as instituições". No caso da série televisiva analisada, fica evidente que o que era/parecia estável se revela provisório a partir das interações entre os personagens e o coletivo constituído pela sociedade inglesa, entre os aspectos subjetivos de cada uma das pessoas e as questões objetivas que circundam seus universos, entre suas histórias, seus desejos e a estrutura da vida que devem viver, em um processo em que a socialização dos personagens define as tradições, o modo de funcionar da nobreza inglesa.

Nesse sentido, os processos de socialização, característicos dos contextos em que os indivíduos vivem, precisam ser estudados e compreendidos, buscando uma resposta à questão: como os atos de atribuição, emanados de determinado contexto sócio-histórico-cultural, influenciam os atos de pertença, via processo de identificação, na configuração de determinadas formas identitárias que se apresentam na docência?

Segundo o autor, existem vários tipos de identidade pessoal e inúmeras possibilidades de identificação, combinações de formas identitárias, naturalmente dinâmicas. Essa acepção põe em relevo a importância da diversidade do corpo docente, das diferenças que contribuem para o movimento constante e dialético de formas identitárias.

No que concerne à situação ficcional que analisamos, é interessante observar, em uma situação bastante diferente dos dias atuais, como a força do contexto se expressa e se revela na vida e nos comportamentos dos seres humanos.

As mudanças identitárias se sucedem: formas comunitárias, centradas nas relações familiares e regras sociais que predeterminam comportamentos, valores e crenças aceitáveis, predominantes em um primeiro momento, são substituídas por formas mais societárias, com questionamento dos valores de classe social, com o estabelecimento de relações mais vinculadas a normas de natureza estatutária. As expectativas sociais de maior participação e ampliação de direitos atingem os indivíduos e provocam novas identificações e planos de inserção social: o lacaio que se torna professor, a ajudante de cozinha que quer estudar e ampliar seus horizontes, a ex-camareira que se torna secretaria, se casa e volta à mansão familiar como convidada da família, a incorporação à família da filha de Edith, mesmo não tendo esta se casado etc. Dentro de uma sociedade fechada e rígida, costumes são mudados, regras são quebradas, novas relações se estabelecem, identidades se destroem e se reconstroem, em um processo rápido de transformações e superações. Fatos ficcionais baseados no sentimento humano que nos instigam a perscrutar: por que a escola, o ensino, a aprendizagem, os docentes, a formação na escola, enfim, não mudariam?

No próximo item, que encerra o presente ensaio, apresentamos algumas ilações em relação à formação de professores.

A constituição identitária de professores e coordenadores na formação em contexto

As reflexões precedentes defendem o lastro do conceito de identidade, sobretudo de formas identitárias, segundo Dubar (2005; 2009), para a compreensão da atividade docente e o consequente desenvolvimento profissional. Também defendemos o papel do CP na formação de professores e destacamos a importância de o CP investir na compreensão das formas identitárias com base no contexto em que os profissionais exercem suas atividades.

Falar em contexto de ação profissional na escola, considerando as ações do CP e nossa compreensão de seu papel, implica remeter à formação que o CP promove, tomando-a como promotora ou não de identificações dos professores com as atribuições que lhe são postas, sobretudo no que concerne ao ensino e formação de crianças e jovens. Quais formas de formação favorecem a vivência de formas identitárias que promovam identificações propícias ao desenvolvimento das ações docentes? Que ações da formação favorecem o movimento de uma forma a outra, quando o profissional professor se mostra estagnado e resistente às demandas do contexto? O que fazer para instaurar formações que considerem as narrativas de si e do outro, que contemplem o afetivo-volitivo que está na base das formas identitárias no trabalho?

Pôr em evidência as formas identitárias demanda criar processos narrativos, de si e do outro, pois, ao contar para si a história daquilo que é, o sujeito conta também a história de todos os outros que o constituem na relação. Mas como trabalhar com narrativas? Que tipo de narrativas?

Instaurar movimentos identitários nas formações desenvolvidas nas escolas, tomando por base os mundos vividos pelos docentes, como o concebe Dubar (2005) —"as realidades vividas no trabalho com os colegas, os superiores, com a organização" (PLACCO et al., op. cit., p. 169) —, é sem dúvida potencial ponto de partida para a promoção da reflexão, pois, por essa via, os significados e sentidos das ações docentes, para si ou para os outros colegas professores, CP, alunos e pais, possibilitam o acesso ao que se é e se quer ser como profissional, em que se configuram identificações e não identificações. Assim, incentivar os professores a falar de si e de suas práticas, a expressar suas emoções e sentimentos em relação ao que vivem no cotidiano escolar, garantindo a escuta atenta de todos do grupo, é um modo de acessar e tornar expressos os mundos vividos dos docentes. Também deverá o CP externar seu mundo vivido, no mesmo movimento proposto aos docentes, movimento que se abre a novas identificações e, em consequência, a novas formas identitárias.

E é a forma, mais que o conteúdo, que dará este tom às ações formativas. De nossa experiência e perspectiva, a vivência do contexto no coletivo, que permite o confronto vivido de modo respeitoso e crítico, em que se enfrentam os desafios, os não saberes, e se pensam, junto, modos de superá-los, conduzem à constituição de espaços formativos promotores do desenvolvimento profissional e pessoal dos envolvidos. Isto porque, neste movimento, novas compreensões sobre o vivido são possíveis pela atribuição de novos significados e sentidos às atividades e relações que se desenvolvem na escola. A ressignificação produz reflexões mais ampliadas, tomadas de consciência sobre o que se passa nas práticas escolares e sobre as possibilidades de superação das dificuldades.

Pensamos que o CP pode promover formações que visem à produção de narrativas, favorecendo identificações e não identificações, como as que experimentamos quando assistimos a uma série como Downton Abbey e nos surpreendemos torcendo para que as tradições não sejam rompidas, para que os personagens não sofram, e choramos com a Sra. Crawlwey, quando diz que não sabe mais quem é, pois era mãe do fulano e, depois que ele morreu, já não encontra formas identitárias possíveis. Enfim, é possível lançar mão de outras formas de linguagens, para além dos textos científicos e dos relatos de práticas, a fim de ampliar as experiências, alargar os mundos vividos, enriquecer o contexto em que se realiza a formação.

Referências

DOWNTON ABBEY – seriado inglês – BBC – disponível em NETFLIX. 2010-2016.

DUBAR, C. *A socialização*: construção das identidades sociais e profissionais. Trad. Andréa S. M. da Silva. São Paulo: Martins Fontes, 2005.

_____. *A crise das identidades*: a interpretação de uma mutação. Trad. Catarina de Matos. Portugal: Autêntica Editora, 2009.

PLACCO, V. M. N. S. et al. O coordenador pedagógico (CP) e a formação de professores: intenções, tensões e contradições. In: FUNDAÇÃO VICTOR CIVITA (org.). *Estudos & Pesquisas Educacionais*. São Paulo: Fundação Victor Civita, 2011, v. 2, 227-288.

PLACCO, V. M. N. S. et al. Movimentos Identitários de Professores em serviço: um estudo sobre atribuições e pertenças, In: PIZZI, L. C. V. et al. (orgs.). *Trabalho docente*: tensões e perspectivas. Maceió: UFAL, 2012.

Gestão escolar: organização pedagógica e mediações no espaço escolar

Ecleide Cunico Furlanetto[1]
ecleide@terra.com.br

Maria Aparecida Guedes Monção[2]
maguedes@maxpoint.com.br

De onde partimos

> Repor o ser humano que atua, que pensa, que fala, que sonha, que ama, que odeia, que cria e recria, que sabe e ignora, que se afirma e que se nega, que constrói e destrói que é tanto o que herda quanto o que adquire, no centro de nossas preocupações.
>
> (Paulo Freire)[3]

Este texto parte de uma experiência desenvolvida na disciplina "Gestão escolar: organização pedagógica e mediações no espaço escolar", ministrada no curso de mestrado profissional "Formação de Gestores Educacionais". O eixo norteador da disciplina foi a reflexão sobre o papel da coordenação — ou equipe de gestão formada pelo

---

1. Mestre em Psicologia da Educação pela PUC-SP. Doutora em Educação pela PUC-SP. Professora e pesquisadora do programa de Mestrado em Educação e do programa de mestrado em Gestão Educacional Profissional: Formação de Gestores Educacionais, da Universidade Cidade de São Paulo — Unicid.

2. Mestre em Psicologia da Educação pela PUC-SP. Doutora em Educação pela Faculdade de Educação da USP. Professora e pesquisadora do programa de mestrado em Educação e do programa de mestrado em Gestão Educacional Profissional: Formação de Gestores Educacionais, da Universidade Cidade de São Paulo — Unicid.

3. *Professora sim, tia não*: cartas a quem ousa ensinar. São Paulo: Olho d'Água, 2003.

diretor e coordenador pedagógico — e suas mediações para alcançar os objetivos educacionais e promover uma cultura democrática que prima por relações dialógicas entre estudantes, educadores e famílias no processo pedagógico. Entre as diferentes possibilidades de mediações abordadas na disciplina, enfatizamos as mediações nos processos de formação continuada, considerando que o espaço de formação consiste em um espaço de articulação de diferentes histórias que se entrelaçam e abrem espaço para a elaboração de uma história coletiva que dará sustentação à construção do projeto pedagógico.

O trabalho desenvolvido na disciplina ancorou-se em inúmeros diálogos: o primeiro deles entre as docentes que, com base em suas experiências como pesquisadoras e gestoras, definiram um trajeto que incluiria outros diálogos com autores que dariam suporte teórico às discussões a serem realizadas no contexto de sala de aula e com as trajetórias profissionais dos alunos que por sua vez disponibilizariam suas experiências. Tal abordagem se fez necessária ao considerar que a disciplina é parte do curso de mestrado profissional no qual o diálogo entre a produção científica e as práticas profissionais torna-se um dos elementos que evidenciam a especificidade dessa modalidade de pós-graduação.

Diálogos teóricos

> E pensar não é somente "raciocinar" ou "calcular" ou "argumentar", como nos tem sido ensinado algumas vezes, mas é sobretudo dar sentido ao que somos e ao que nos acontece.
> Jorge Larrosa Bondía[4]

Para desenvolver o trabalho nos pautamos em autores que investigam o campo da gestão educacional (APPLE; BEANE, 2001; ARROYO, 2011; FREIRE, 1991; LIMA, 2009; MONÇÃO, 2013; PARO, 2000, 2008, 2012, 2015) e da formação de professores (PLACCO,

---

4. Notas sobre a experiência e o saber da experiência. *Revista Brasileira de Educação*, n. 19, p. 20-28, jan.-abr. 2002.

2010; LARROSA, 2002; FURLANETTO, 2012, 2013, 2015), em especial os que abordam as narrativas como dispositivos de formação (DELLORY-MOMBERGER, 2008; PASSEGUI, 2011).

No âmbito dos estudos sobre gestão escolar, de acordo com Paro (2012), há duas vertentes a serem destacadas: uma trata da racionalização do trabalho, que envolve os recursos objetivos; a outra se refere à coordenação do esforço humano coletivo, que inclui a subjetividade dos envolvidos no trabalho. Ao tratar da mediação entre os diferentes atores sociais presentes na escola, nos aproximamos da vertente que se refere à coordenação do esforço humano coletivo, que, revestida por seu caráter político, associa-se a uma concepção de educação que busca respeitar o sujeito e, para isso, tenta se afastar de qualquer prática de dominação.

Para nos inserirmos no campo da Gestão, partimos do conceito amplo de administração entendida como mediação ou "utilização racional de recursos para a realização de fins determinados" (PARO, 2015, p. 18). Cumpre destacar que essa concepção de gestão possibilita explorar a intrínseca relação existente entre as ações administrativas e os fins da escola. Considerando que o fim maior da escola é a Educação compreendida como processo de introdução das novas gerações na cultura de determinada sociedade. Levando isso em conta, podemos afirmar que a dimensão administrativa da escola necessita estar atrelada ao trabalho pedagógico que enfatiza a mediação das relações que ocorrem entre o aluno e os bens culturais no sentido de promover o desenvolvimento tanto do aluno como da sociedade.

> [...] Como mediação para a apropriação histórica da herança cultural a que supostamente têm direito os cidadãos, o fim último da educação é favorecer uma vida com maior satisfação individual e melhor convivência social. A educação, como parte da vida, é principalmente aprender a viver com a maior plenitude que a história possibilita. Por ela se toma contato com o belo, com o justo e com o verdadeiro, aprende-se a compreendê-los, a admirá-los, a valorizá-los e a concorrer para sua construção histórica, ou seja, é pela educação que se prepara para o usufruto (e novas produções) dos bens espirituais e materiais [...] (PARO, 2001, p. 37-38).

Nessa perspectiva, convém salientar que a "educação para a democracia" converte-se em um dos eixos norteadores do projeto político-pedagógico das escolas, referendando-se para isso na dimensão dialógica da educação, que deve ser expressa nas práticas de administração no âmbito dos sistemas e das unidades escolares.

O conteúdo escolar, nesta concepção, é a cultura humana disponibilizada para a produção histórica e subjetiva do indivíduo; ele não se restringe à transmissão de informações e conhecimentos, mas contempla valores de convivência democrática, construídos por meio de relações dialógicas, que servem como referência para uma convivência humana (PARO, 2008).

A coordenação de esforços em busca de atingir objetivos acordados coletivamente implica a capacidade de o gestor escolar liderar grupos, o que nem sempre se apresenta com tarefa fácil de ser executada. Isso se torna visível quando deparamos com os constantes reclamos por parte de gestores a respeito das dificuldades encontradas para coordenar trabalhos desenvolvidos coletivamente. Entretanto, apesar de ser uma questão que afeta diretamente a dinâmica institucional como um todo, na maioria das vezes esta não é considerada uma questão pedagógica, sendo, por isso, relegada a segundo plano. De acordo com Paro (2012, p. 26),

> [...] a questão de maior importância no que concerne à abordagem de vontades diversas e à solução de conflitos é a atinente à relação entre os objetivos a serem atingidos e os interesses dos que despendem seu esforço na consecução de tais objetivos. Trata-se de uma questão política de primeira grandeza que condiciona em grande medida a própria forma em que se desenvolve a coordenação. Quando os interesses dos que executam o trabalho coincidem com os objetivos a serem alcançados, a coordenação pode se revestir de um caráter mais técnico, pois atém-se muito mais ao estudo e à implementação de formas alternativas para alcançar objetivos que interessam a todos. Não deixa de ser política, mas pode mais facilmente fazer-se democrática [...]. Quando, entretanto, há divergência entre os interesses dos trabalhadores e os objetivos a se realizarem, a coordenação ganha um caráter

marcadamente político, tornando-se muito mais complexas suas funções e as formas de empregar o esforço humano coletivo. Ela não prescinde dos elementos técnicos, mas tem de ocupar-se mais intensamente dos interesses em conflito [...].

Como salienta o autor, as relações interpessoais estão na base dos trabalhos realizados em grupo. Elas podem favorecer como também dificultar sua execução, considerando que eles implicam momentos de encontros, mas também de desencontros, o que requer aceitar e lidar com as diferenças, bem como encarar os conflitos que muitas vezes emergem nos contextos educacionais. É importante salientar que nem sempre os desencontros e os conflitos se configuram como problemas a serem evitados; muitas vezes cabe a eles retirar os indivíduos de suas zonas de conforto, requerendo que o outro seja ouvido e que o grupo se movimente. Para que o projeto pedagógico da escola seja construído democraticamente, é necessário que os diferentes atores educacionais exponham e confrontem suas crenças, sonhos e ideias. Cabe à equipe de gestão coordenar esses processos para que o grupo possa avançar, direcionando seus esforços para a conquista de objetivos comuns.

Na sua pesquisa de doutorado a respeito dos saberes envolvidos nas relações interpessoais e na formação inicial do coordenador pedagógico, Bruno (2006) alerta para três grandes questões que cercam essa temática. A primeira delas se refere às representações sobre as relações interpessoais presentes em nossa sociedade e sua repercussão no discurso pedagógico, normalmente associadas à autoajuda, autoestima, bons relacionamentos no trabalho e na família.

> Temas marcados por certa ingenuidade e certo desejo de que seja possível — a partir da padronização de comportamentos — instruir pessoas a curto prazo e de forma superficial, no sentido de que elas possam se tornar melhores para melhor conviver (BRUNO, 2006, p. 194).

A segunda versa sobre a "colocação na ênfase no pessoal e no risco de se perderem de vista os contextos nos quais se colocam esses sujeitos. Em outras palavras, trata-se da relação entre indivíduos e sociedades" (ibid., p. 194). Finalmente, a terceira relaciona-se ao "despreparo para enfrentamento dos conflitos que são parte das relações interpessoais" (ibid., p. 195).

É comum acreditar que as relações interpessoais são fruto de aprendizagens espontâneas ocorridas no seio da família. Elas são consideradas, muitas vezes, regras de educação e boa convivência, não se levando em conta que as relações interpessoais são aprendizagens a serem feitas ao longo da vida, o que demanda reflexão e autoanálise em busca de coerência nas formas de se relacionar com os outros e consigo mesmo — visando contribuir, nessa perspectiva, para a constituição de relações mais humanas e mais justas. No contexto educacional, essa aprendizagem é diária e requer rigor na reflexão da prática pedagógica, tanto no âmbito coletivo quanto no individual (MONÇÃO, 2013).

É importante compreender que, para se situar na relação com o outro, é imprescindível se situar diante de si mesmo e da própria vida, o que requer conhecê-la, segundo Dellory-Momberger: "O único meio de termos acesso a nossa vida é percebermos o que vivemos por meio da escrita de uma história (ou de uma multiplicidade de histórias); de certo modo, só vivemos a nossa vida escrevendo-a na linguagem das histórias" (DELLORY-MOMBERGER, 2008, p. 36).

Nessa perspectiva, as narrativas autobiográficas têm se tornado cada vez mais presentes nos contextos contemporâneos. As atuais sociedades mutantes reorganizam-se com tanta frequência que não oferecem mais modelos estáveis para os indivíduos que delas fazem parte. Diante dessa situação, sem contar com referências claras como seus antepassados contaram, o indivíduo se vê diante da necessidade de percorrer caminhos singulares, pautados em suas próprias escolhas: "o que exige dele, simultaneamente, conformação e desconformação em harmonia com o que, por mais apropriado que se apresente de momento, por certo deixará de sê-lo tempos depois" (BOUTINET, s/d, p. 6).

Nesses cenários, a formação permanente ganha um novo *status*, passa a ser requerida com frequência por inúmeros adultos que, acentuadamente após os anos 1970, "retomam os seus estudos em curso de curriculum profissional, quer na altura de férias individuais de formação, quer no quadro de uma formação qualificante ou requalificante organizada pela empresa, quer a propósito de uma mudança ou de uma reorientação profissional" (ibid., p. 205). Segundo o autor, com o passar do tempo começa a ocorrer um deslocamento semântico importante que expõe mudanças no campo da formação permanente. Uma vez que não seja mais possível participar de maneira ativa de uma sociedade que se complexifica rapidamente em função, principalmente, do desenvolvimento das novas tecnologias, a formação inicial cada vez importa menos, enquanto a formação permanente amplia sua importância. A busca pela formação permanente por parte dos adultos que, salvo exceções, antes não retornavam aos bancos escolares pôs em questão os dispositivos de formação comumente utilizados. Logo se percebeu que uma formação permanente pautada nos moldes da formação inicial e tutelada por só uma instituição não seria suficiente. Um novo aluno, portador de experiências que não poderiam ser desconsideradas, demandava um novo tipo de formação e de formador.

A formação permanente, inicialmente compreendida como o fornecimento de novos conhecimentos técnicos para garantir a inserção profissional, passa a ser revista e substituída pela educação continuada. Essa última inclui a percepção de que o adulto não pode assumir um papel passivo ante sua formação, o que implica passar a gerir seu percurso formativo de forma que se localize em meio às inúmeras transformações. Nessa perspectiva, cabe a ele organizar suas experiências que muitas vezes se encontram no campo de esquecimento e do não implícito, demandando ser recuperadas, verbalizadas e compreendidas, o que permite novas significações. Logo, as práticas de formação "constituem um poderoso instrumento para auxiliar a reapropriação por parte do adulto de sua história e para o desenvolvimento de novas capacidades de ação" (ibid., p. 198).

Nesses novos contextos formativos, as narrativas de vida ganham importância na medida em que permitem que os indivíduos encontrem um fio condutor para projetar seus processos de formação. Uma narrativa de vida articula passado, presente e futuro. O sujeito situado no presente recupera experiências do passado e, dessa forma, lança-se no futuro de uma nova maneira, em busca de projetar a si mesmo. Diante disso, "a construção biográfica é pois a tentativa — necessariamente inacabada e indefinidamente reiterada — de reduzir a distância que separa o eu de seu projeto primordial" (DELLORY-MOMBERGER, 2008, p. 65). Ao contar suas histórias, o indivíduo localiza nelas os acontecimentos, os acasos, as escolhas que vêm balizando seu caminho, possibilitando, dessa forma, um encontro com si mesmo e com os diferentes outros que participaram de sua trajetória. Contar sua história inicialmente a si mesmo para, em seguida, compartilhá-la com os outros abre espaços de pensamentos que, se não têm o poder de mudar o passado, possibilitam ressignificações e, portanto, permitem que o futuro seja construído sobre outras bases.

Diálogos com as trajetórias de formação

> De cacos, de buracos
> de hiatos e de vácuos
> de elipses, psius
> faz-se, desfaz-se, faz-se
> uma incorpórea face,
> resumo do existido.
> (Carlos Drummond de Andrade)[5]

Considerando que a disciplina faz parte de um programa de mestrado profissional que recebe alunos adultos, em sua maioria inseridos no mercado de trabalho, com vasta experiência profissional, iniciamos os trabalhos propondo que os mestrandos narrassem algumas experiências significativas que compõem suas trajetórias e que, de alguma forma, tivessem contribuído para a escolha por fazer mestrado profissional.

Os diversos relatos revelaram a complexidade e as contradições que permeiam uma trajetória profissional. Foram retomadas experiências vividas junto à família, em escolas de educação básica, em comunidades religiosas e em cursos de ensino superior. Esses

---

5. *Boitempo* I. Rio de Janeiro: Record, 1989, 10.

relatos escritos forneceram fios que possibilitaram tecer uma rede de experiências que, articulada aos conhecimentos teóricos, deu sustentação às discussões ocorridas na disciplina. As narrativas não trouxeram para a sala de aula vidas como um todo, pois, como sabemos, ao narrar nossas histórias fazemos escolhas, selecionamos acontecimentos, aqueles que, aos nossos olhos, importam e pedem para serem lembrados:

> [...] não arquivamos nossas vidas, não pomos nossas vidas em conserva de qualquer maneira; não guardamos todas as maçãs da nossa cesta pessoal; fazemos um acordo com a realidade, manipulamos a existência: omitimos, rasuramos, riscamos, sublinhamos, damos destaque a certas passagens (ARTIÈRES, 1998, p. 11).

A escrita e leitura compartilhada das trajetórias transformaram-se em momentos de muita riqueza e, nesse contexto, aproveitamos para inserir o primeiro bloco de discussão: "A escola com espaço de encontros e desencontros de diferentes trajetórias profissionais". Esse bloco colocou à mostra a diversidade de experiências existentes na escola e a importância de elas serem reconhecidas para se poder delinear um projeto pedagógico coletivo.

Ao narrar, os alunos foram em busca de suas memórias, provocados por uma pergunta: como fui me tornando o profissional que sou? Em busca dessa resposta, uma aluna escreveu:

> Por que nos tornamos professores? Talvez essa seja uma pergunta que devesse sempre nortear o nosso trabalho e não devesse ser respondida uma única vez durante nossa trajetória de vida. Iniciei minha carreira de professora por acaso. Estava no terceiro ano da faculdade de arquitetura e urbanismo, quando, não suportando algumas dificuldades e pressões, desisti [...]. Muitos anos mais tarde compreendi por que tinha tomado essa decisão [...], porém, a vida tinha me reservado um processo bastante interessante de aprendizagem. Assim que saí da faculdade de arquitetura, desiludida que estava, decidi que iria trabalhar antes de buscar outra carreira acadêmica. Minha professora de inglês, na época, me incentivou a procurar algumas escolas de língua

para fazer o teste de proficiência e, se passasse, conseguir um emprego de professora. Soou-me interessante. Seria fácil, pensei! Doce ilusão!

Sua trajetória vai revelando as nuances de uma escolha que começa por acaso em meio a muito sofrimento e a encaminha ao curso de Psicologia e, por fim, ao de Psicopedagogia, no qual hoje assume aulas, buscando, cada vez mais, compreender os meandros dos complexos processos de aprendizagem.

Retomando outra trajetória, torna-se possível observar o processo de tornar-se professor por outro ângulo:

> [...] Minha trajetória profissional tem uma ligação intrínseca com a minha vida pessoal, ela tem início ainda na adolescência, quando comecei meus estudos em uma escola de música em uma comunidade religiosa que minha mãe frequentava. Minha condição de vida, nessa época, era de extrema vulnerabilidade, por isso os líderes dessa escola tiveram uma atenção especial comigo que, aliada ao fator de descobrirem em mim potencial para a música, possibilitaram que meu destino não fosse o mesmo da maioria dos meus amigos da época. [...] Os professores dessa escola tiveram um olhar diferenciado para mim e me deram um incentivo, tornei-me uma espécie de professor de reforço. [...] Devido ao meu desempenho, logo me tornei um professor daquela escola de música, assim eu considero que foi o início da minha trajetória de educador.

Ele continua sua narrativa contando como cada vez mais foi se aproximando da música e de seu ensino; para isso, frequentou cursos, aprendeu a tocar diferentes instrumentos, frequentou uma Licenciatura de Música até retornar, mais uma vez, à comunidade para exercer um trabalho com os jovens. Atualmente atua como professor de música na rede pública de ensino do estado de São Paulo.

Procurando desvendar os caminhos que encaminharam os alunos ao mestrado nos aproximamos de outra trajetória:

> Escrever sobre a nossa própria história coloca-nos como autores da nossa existência. Essa narrativa tem função acadêmica de registrar

o percurso pessoal e profissional que me constituiu como educadora de primeira infância, mas, também, de registrar um período de intensa transformação que vivo, momento de transformar dores, momento de cura. Momento de olhar para minha própria história, que me trouxe até aqui [...].

[...] Nasci e vivi uma infância ligada a um contexto familiar extremamente hostil e violento. Um contexto adoecido como muitos, infelizmente! Mas o que preciso ressaltar desse período, que fez com que tudo tivesse mais sentido, é a experiência escolar que tive. Desde os quatro anos até os nove anos, frequentei uma escola montessoriana. Hoje tenho a certeza que a escola era, para mim, a melhor parte de minha vida. Lugar tranquilo, acolhedor, acima de tudo seguro!

Hoje essa mestranda trabalha como professora de escola infantil, talvez inspirada pela sua experiência de vida, e finaliza seu texto dizendo:

[...] e no dia em que foi confirmada a minha matrícula no mestrado eu chorei. Chorei e, no conforto de meu lar, lembrei-me das vezes que cortaram a luz da nossa casa por falta de pagamento. Mas, acima de tudo, chorei por me lembrar da voz esperançosa da minha mãe dizendo que tudo ia passar [...] Ela tinha mesmo razão! Estava eu, vinte anos depois, com luz no meu lar e na minha vida, preparando-me para mais um desafio e para continuar a nossa história.

Mais um depoimento nos aproxima dos intricados processos de escolha profissional:

Toda história se inicia com a escolha do caminho, e eu fui buscar na memória onde esta história havia começado. Lembrei-me de quando era criança e não me recordo se pensava em ser professora. Tive o exemplo de uma prima, a única mulher que havia estudado na família e que optara pelo magistério, portanto não sei dizer se era uma opção ou a única opção [...].

Essa aluna narra na sequência como foi se formando professora, fala dos cursos que fez, da presença dos professores e dos colegas no seu processo de formação e também conta como se tornou formadora e delineia sua concepção de formação:

> Em 1998, iniciei a minha trajetória como coordenadora pedagógica. Tinha 24 anos e mal sabia que começava ali minha verdadeira paixão profissional. Lembro-me bem de que sentia uma enorme necessidade de registrar, de maneira rudimentar ainda, minha prática. Fazia pautas em papel de fichamento de livros, ainda mal usava o computador. Rodava no mimeógrafo as sínteses das reuniões para compartilhar, posteriormente, com as professoras. [...] Nessas tentativas de dar sentido ao processo formativo dos professores, quis criar um material simbólico no qual o grupo pudesse se reconhecer, colocar um pouco de si e, a partir de seus registros, refletir e aprender. Então, sem nem imaginar do que se tratava, propus a construção de um memorial de formação para a minha equipe.

Os anos se passaram, e essa profissional aprimorou seu trabalho como formadora e desenvolveu dispositivos sofisticados de formação que, atualmente, são objetos de sua dissertação de mestrado.

Muitas foram as narrativas de formação compartilhadas nesse início da disciplina; elas forneceram referências importantes para o grupo a respeito dos processos de educação contínua nos cenários contemporâneos. Esse primeiro trabalho, além de promover a integração grupal, possibilitou que o grupo ganhasse uma identidade própria. Nossas mediações, na ocasião, tiveram o intuito de desencadear reflexões a respeito do cotidiano escolar, compreendido como um espaço que requer mediações cuidadosas e constantes. Cada unidade escolar integra um grupo diferente de pessoas, com trajetórias de vida e formação, que se aproximam e se distanciam, dependendo dos aspectos a serem considerados. Para atingir as finalidades da escola, é preciso que esse conjunto de pessoas construa uma identidade coletiva em busca do alcance de objetivos e propósitos comuns.

Dando sequência a esse trabalho, introduzimos as discussões sobre o segundo bloco da disciplina — gestão escolar democrática: mediações no contexto escolar. Discutimos concepções de gestão escolar, educação, papel da escola e da equipe de gestão e como elas se fazem presentes nos contextos escolares, contribuindo ou não para que a escola trace um caminho baseado na autoria grupal. Novamente as experiências dos participantes foram retomadas, e algumas lembranças vieram à tona:

> Trabalhar em uma escola é algo sensacional! Os encontros entre o "Eu" e o "Outro" que ocorrem num ambiente escolar são realmente daqueles que, conforme nos conta Larrosa, nos causam tombamento e nos transformam; são encontros que propiciam experiências. As pessoas com quem convivi em 12 anos que passei dentro da escola foram essenciais para que me voltasse para o caminho da docência. Porém, existe o outro lado da moeda do serviço público. Existe certa acomodação natural de quem passa num concurso e ganha estabilidade. Por conta disso, demorei alguns anos para decidir pela volta aos estudos.

A reflexão a respeito dessas experiências, associada a leituras de artigos sobre experiências de escolas, permitiu aprofundar os pressupostos de uma gestão democrática e analisar o sentido das relações democráticas no interior das instituições escolares, bem como as dificuldades e os desafios para efetivá-la.

Essas análises foram fundamentais para o desenvolvimento do terceiro bloco da disciplina — Gestão democrática: formação continuada dos profissionais que atuam na escola. Nesse bloco, refletimos sobre a escrita da trajetória de formação realizada no início da disciplina e a cotejamos com a discussão de textos que tratam da formação de professores. Partimos do pressuposto de que:

> Cada vez fica mais claro que as professoras e os professores, mulheres e homens inacabados, contraditórios e multifacetados — com histórias pessoais forjadas nas relações que estabelecem com o outro, a cultura, a natureza e consigo mesmos —, fazem

escolhas, criam-se e recriam-se encontrando formas de crescer e de se exercer profissionalmente (FURLANETTO, 2007, p. 14).

Ampliamos as discussões salientando a importância de estender esses pressupostos para a formação de todos os profissionais que atuam na escola. Demos ênfase aos processos de formação que incluem as trajetórias dos profissionais por acreditar que eles possibilitam, ao recuperar experiências passadas, projetar o futuro. Acordávamos que era importante criar um espaço de autoria na disciplina que abrisse janelas para o futuro e possibilitasse aos alunos assumir a gestão de seus processos formativos. Para Pineau e Le Grand (2012), uma das grandes finalidades de escrever uma história sobre sua vida é emancipar-se, o que significa ir:

> [...] além da emancipação política no seu sentido restrito, identificando-se com a libertação relativa operada pela tomada de consciência crítica e reflexiva dos determinantes existenciais por meio de sua expressão. Essa autoexpressão parece ser uma condição necessária — embora não suficiente — da emancipação, Tal interesse impulsiona de modo significativo a "mania" de traduzir a vida em palavras. O que está principalmente em questão é menos a história como produto acabado do que a possibilidade de expressão que permita sua construção, ou seja, um acesso à historicidade (PINEAU e LE GRAND, 2012, p. 108-109).

Discutimos a formação, nessas bases, concebendo-a como um processo inacabado no qual cada um vai buscando a forma de se exercer profissionalmente, mesmo sabendo que ela nunca será encontrada definitivamente, porque está sempre em (trans)formação.

Para concluir o semestre, propusemos como trabalho final um relato de experiência à luz dos conteúdos tratados na disciplina inspirados especialmente pelo conceito de experiência apresentado por Jorge Larrosa (2002).

Os textos apresentaram diferentes aspectos sobre o contexto escolar, destacando experiências de docência na educação infantil — trabalho com os bebês —, ensino fundamental, técnico e superior, incluindo nesse último a modalidade a distância. No âmbito da gestão, os relatos versaram sobre a atuação da coordenação junto ao grupo de professores na formação continuada e sobre as situações de negociação entre professores, alunos e famílias diante de situações cotidianas.

O ponto de convergência entre os diferentes textos é a busca empreendida pelos alunos em proceder a uma análise crítica e reflexiva sobre a situação vivenciada, promovendo um entrelaçamento entre as aprendizagens e desafios pessoais, as relações estabelecidas com os outros sujeitos presentes em cada circunstância e os princípios e fundamentos analisados ao longo do semestre na disciplina.

Uma aluna terminou sua narrativa retomando a pergunta inicial: "E nesse momento, se me fosse perguntado por que me tornei professora? Eu responderia com outra pergunta: como venho me tornando cada dia mais professora? No sentido de que nunca estamos prontos para essa profissão desafiadora". Podemos desdobrar essa questão inquirindo: como nos tornamos gestores? Não pretendemos dar uma resposta definitiva, porque nem a temos, mas criar um espaço para continuar pensando. O que resulta desse percurso é a certeza de que muitas são as maneiras de se tornar professor e, também, gestor. Cada um vai seguindo seu caminho, se projetando de diferentes formas em busca de encontrar sua maneira de se exercer profissionalmente.

Consideramos fundamental adotar o diálogo como princípio norteador para a constituição de uma educação que valorize o ser humano em sua plenitude e promova uma educação democrática e mais humana.

Referências

ANDRADE, C. D. Boitempo I. Rio de Janeiro: Record, 1989.

APPLE, M.; BEANE, J. *Escolas democráticas*. São Paulo: Cortez, ²2001.

ARROYO, M. G. Gestão democrática: recuperar sua radicalidade política? In: CORRÊA, B. C.; GARCIA, T. O. (org.). *Políticas educacionais e organização do trabalho na escola*. São Paulo: Xamã, 2008, 39-56.

ARTIÈRES, P. Arquivar a própria vida. *Estudos Históricos*. CPDOC/FGV, v. 19, n. 21 (1998) 9-33.

BOUTINET, J. P. A imaturidade da vida adulta. Porto: RÉS Editora, s/d.
DELLORY-MOMBERGER, C. Biografia e educação: figuras do indivíduo projeto. Natal: EDFRN, 2008.
FURLANETTO, E. Como nasce um professor? São Paulo: Paulus, 2007.
FREIRE, P. A educação na cidade. São Paulo: Cortez, 1991.
_____. Professora sim, tia não: cartas a quem ousa ensinar. São Paulo: Olho d'Água, 2003
LARROSA BONDÍA, J. Notas sobre a experiência e o saber da experiência. Revista Brasileira de Educação, n. 19 (2002) 20-28.
LIMA, L. C. Organização escolar e democracia radical: Paulo Freire e a governação democrática da escola pública. São Paulo: Cortez/Instituto Paulo Freire, [4]2009 (Guia da escola cidadã, 4).
MONÇÃO, M. A. G. Gestão democrática na educação infantil: o compartilhamento da educação da criança pequena. Tese de doutorado em Educação. São Paulo: Faculdade de Educação, Universidade de São Paulo, 2013.
PARO, V. H. Administração escolar: introdução crítica. São Paulo: Cortez, [9]2000.
_____. Educação como exercício do poder: crítica ao senso comum em educação. São Paulo: Cortez, 2008.
_____. Escritos sobre educação. São Paulo: Xamã, 2001.
_____. O trabalho do diretor escolar diante do caráter político-pedagógico da escola. In: LUCENA, C.; SILVA JÚNIOR, J. R. (org.). Trabalho e educação no século XXI: experiências internacionais. São Paulo: Xamã, 2012, 19-46.
_____. Diretor escolar: educador ou gerente? São Paulo: Cortez, 2015.
PASSEGGI, M. C. A experiência em formação, Educação, Porto Alegre, v. 34, n. 2 (2011) 147-156.
PINEAU, G e LE GRAND, J. L. As histórias de vida. Natal: EDFRN, 2012.
PLACCO, V. M. N. S. et al. O coordenador pedagógico (CP) e a formação de professores: intenções, tensões e contradições. In: FUNDAÇÃO VICTOR CIVITA (org.). Estudos & Pesquisas Educacionais. São Paulo: Fundação Victor Civita, 2011, v. 2, 227-288.

Fundamentos para um trabalho colaborativo: Carl Rogers e Paulo Freire

Eliane Bambini Gorgueira Bruno[1]
eliane.gorgueira@gmail.com

Introdução

A trajetória de algumas décadas como formadora de professores e de coordenadores pedagógicos, tanto na formação inicial como na continuada, e os questionamentos que foram surgindo nessa trajetória levaram-me a empreender uma pesquisa (BRUNO, 2006) com o objetivo de analisar os saberes das relações interpessoais e a formação inicial do coordenador pedagógico. Entendia, e continuo entendendo, que não se podem desvincular relações interpessoais e relações pedagógicas, porque elas estão imbricadas umas nas outras. Tinha, portanto, a convicção da importância das relações interpessoais para acessar o conhecimento. Mas queria a resposta de alunos e professores da licenciatura em Pedagogia para a seguinte questão: "Como se apresentam os processos de formação de coordenadores pedagógicos tendo em vista o preparo para a construção de interações dialógicas e facilitadoras de crescimento ético, afetivo e intelectual?".

Tomei como principais referentes para análise as teorias de dois autores: Carl Rogers e Paulo Freire. "Rogers é um autor que não

---

1. Mestre e doutora em Educação: Psicologia da Educação pela PUC-SP; docente do Instituto de Artes da Unesp e consultora de projetos educacionais municipais.

pode ser esquecido. Teve uma contribuição decisiva quando mostrou o afetivo. A grande contribuição que fez foi trazer o afetivo para a sala de aula. Só por isso merece ser revisado e lembrado" (MAHONEY, in: ALMEIDA, 2007, p. 72).

Apesar de esquecido por algumas décadas, hoje autores preocupados com formação de professores têm se voltado para suas propostas. É o caso de Marie-Christine Josso, que, ao escrever sobre autores que são referência para seu trabalho de formadora de adultos, inclui, entre eles, Carl Rogers, por lhe ter fornecido um conjunto coerente de princípios de ação para facilitar a atualização das potencialidades dos formandos (JOSSO, 2004).

Paulo Freire é sobejamente conhecido entre nós, e seus princípios amplamente aplicados em processos formativos.

Esclareço que meu percurso de formação e minha atuação foram sempre muito marcados pelas questões de formação do humano multidimensional: corpo, intelecto, sentimento e espiritualidade. Desde quando cursava o Magistério, percebia que meu interesse pela educação envolvia a compreensão na perspectiva das relações que o homem estabelece consigo mesmo, com outros homens e com a vida. Mas ainda eram tímidas minhas elaborações sobre relações interpessoais e relações profissionais. Estas foram ganhando corpo com as experiências vividas em climas de tensões, acertos e erros, de muitos desafios, nas quais as relações interpessoais estavam sempre em foco.

A relembrar essas experiências pessoais e profissionais pelas quais passei, pensando no texto que me propus escrever para este nosso "Coordenador Pedagógico" (Meu Deus, já é o 11º! Começou tão magrinho em 1998...), me dei conta de que muitas das experiências foram de trabalho cooperativo e de trabalho colaborativo. Tomei, então, a decisão sobre o que escrever para este 11º "Coordenador Pedagógico" da Coleção Loyola: os fundamentos teóricos de dois autores — Rogers e Freire, autores que têm sido significativos em minha trajetória de formadora de adultos, trabalhando em contextos cooperativos e colaborativos.

Fundamentos teóricos para um trabalho colaborativo: uma abordagem possível

Para falar sobre a contribuição do pensamento de Rogers aos processos educacionais colaborativos, destaco dois pressupostos e algumas atitudes consideradas facilitadoras do processo de formação.

O primeiro pressuposto que pretendo destacar refere-se à valorização, pelo autor, da incorporação da mudança no horizonte educacional. Partir do pressuposto de que as pessoas mudam é essencial para o empenho do educador com o processo de formação e de conhecimento. Além disso, admitir que a realidade seja mutável e traga sempre novos desafios também é importante para não se cristalizarem conceitos e análises sobre o real.

Este compromisso com a mudança reforça um segundo pressuposto rogeriano que destacamos neste trabalho: o de que a aprendizagem é processo experiencial, resulta da vivência de cada um em relação com o mundo a ser compreendido.

> Por qual espécie de processo pode ser desenvolvida essa abertura à mudança? Um dos conceitos que pode abrir o caminho para responder estas questões, é o conceito de "aprendizagem significativa" ou "aprendizagem experiencial". Por estas palavras eu quero significar o tipo de aprendizagem que envolve a pessoa como um todo, em seus aspectos cognitivo e afetivo. É a aprendizagem na qual a pessoa se envolve. É a aprendizagem autoiniciada. A aprendizagem que promove uma diferença no comportamento do indivíduo, no curso de ações que ele escolhe para o futuro, em suas atitudes e em sua personalidade. É uma aprendizagem penetrante na qual não ocorre somente um acréscimo de conhecimento, mas que interpenetra em cada porção de sua existência (ROGERS, 1997, p. 259).

Rogers (2001) entende que, no mínimo, três são atitudes facilitadoras para que ocorra esse tipo de aprendizagem:

A primeira consiste na autenticidade, veracidade-congruência. Quanto mais a terapeuta é ela mesma no relacionamento, não colocando uma fachada profissional ou pessoal, é maior a probabilidade de que a cliente se modificará e crescerá de uma maneira construtiva. Significa que a terapeuta está vivenciando abertamente os sentimentos e atitudes que estão fluindo de dentro dela naquele momento. A segunda atitude importante na criação de um clima para a mudança é aceitação, atenção ou apreciação — a consideração incondicional positiva. Significa que é mais provável que ocorra movimento ou mudança terapêutica quando a terapeuta está vivenciando uma atitude positiva, aceitadora, em relação ao que quer que a cliente esteja *sendo* naquele momento. (...) A terapeuta preza a cliente de um modo total, não de uma maneira condicional. (...) Obviamente não é possível sentir tal atenção incondicional todo o tempo. Um terapeuta que é real, frequentemente terá sentimentos muito diferentes, negativos, em relação à cliente. O terceiro aspecto facilitador do relacionamento é a compreensão empática. Isto significa que a terapeuta sente precisamente os sentimentos e os significados pessoais que estão sendo vivenciados pela cliente e lhe comunica esta compreensão. Num ponto máximo de compreensão, a terapeuta está tão dentro do mundo privado da outra pessoa, que pode esclarecer não somente os significados, dos quais a cliente está consciente, mas também aqueles que estão exatamente abaixo do nível da consciência (ROGERS, 2001, p. 9-12).

Considerada por Rogers a mais elementar das atitudes, a autenticidade exige que o formador se relacione com o aluno sem o uso de máscaras, assumindo seus sentimentos e comunicando-os apropriadamente, sem constrangê-lo. No que diz respeito à aceitação, Rogers afirma que esta atitude implica uma valorização dos trabalhos do aluno, da pessoa do aluno e de suas expressões, entendendo suas limitações, suas imperfeições. Aceitar o outro com suas limitações significa confiar nele, confiar em sua tendência à autorrealização e à superação das dificuldades.

Outra atitude que estabelece um clima para aprendizagem experiencial é a compreensão empática. Quando o professor tem a habilidade para compreender as reações dos alunos do ponto de vista deles, "calçando seus sapatos", aumenta-se a probabilidade da aprendizagem experiencial.

As três condições descritas anteriormente podem oportunizar para o indivíduo o que Rogers engloba no conceito por ele denominado "vida plena". Para Rogers, a vida plena está muito longe de ser uma vida pacífica e associada a uma visão paradisíaca. Ele entende como vida plena todo o conjunto de condições que uma pessoa pode ter para uma abertura crescente à experiência; um aumento da vivência existencial e uma tendência à criatividade.

As atitudes rogerianas interessam a este trabalho na medida em que concebo o processo educacional comprometido com o estabelecimento de um clima favorável ao conhecimento e à mudança dos envolvidos de tal forma que ocorram exatamente essa abertura à experiência, o aumento da vivência e a tendência à criação: de conceitos, de críticas, de opiniões, de novos sentimentos e novos valores.

> Ser o que realmente se "é", o que quer dizer isso? O que isso implica? Ser verdadeira e profundamente um membro único da espécie humana não é algo que deva suscitar horror. Tal coisa significa, pelo contrário, que se vive plena e abertamente o processo complexo de ser uma das criaturas mais sensíveis, mais dotadas e mais criadoras deste planeta. Ser completamente esse nosso caráter único como ser humano não é, segundo a minha experiência, um processo que se deva qualificar de mau. As palavras mais apropriadas seriam as de que é um processo positivo, construtivo, realista e digno de confiança (ROGERS, 1997, p. 129).

O segundo autor que proponho como referência para o estudo de processos educacionais colaborativos é Paulo Freire.

O pensamento de Paulo Freire pode ser agrupado em quatro grandes temas:
- Dialogicidade
- Leitura do mundo e pronunciamento do mundo

- Autonomia
- Tendência do ser humano para ser mais, para ser completo

Vejamos como esses temas se entrecruzam na teoria de Paulo Freire. Freire entende que o ser humano apresenta uma vocação ontológica para o ser mais, imbuído de uma natureza histórica e de uma capacidade de perceber-se no mundo, de reconhecer-se a si mesmo e ao mundo exterior como outro. O homem é presença que se pensa a si mesma, que se sabe presença, que intervém, que transforma, que fala do que faz, mas também do que sonha, que constata, compara, avalia, valora, que decide, que rompe. E é no domínio da decisão, da avaliação, da liberdade, da ruptura, da opção, que se coloca o movimento humano em busca de uma completude na relação com o mundo, com os outros homens. A consciência de sua incompletude leva o homem a buscar a comunhão com outros homens. Para Freire, a consciência do inacabamento é um fundamento para desejar ser mais, ser mais completo, para mover-se em direção a uma completude que nunca se completa, daí decorrendo outra característica humana importante: sua sociabilidade, sua dependência de outros seres, sua condição de ser que convive, que é resultado de relações e que muda sempre, isto é, que apresenta historicidade: muda em contextos de relações.

A teoria pedagógica de Freire decorre dessa compreensão de que o homem muda em relações sociais, culturais, ambientais e decorre ainda de sua compreensão de que essa mudança deve estar associada a uma ética comprometida com autonomia e solidariedade.

A autonomia vai se constituindo da experiência de inúmeras decisões que vão sendo tomadas juntamente com muita responsabilidade para a construção de uma ética da solidariedade. A ética instaura sua necessidade no domínio da decisão, da avaliação, da liberdade, da ruptura, da opção.

Freire (1999) afirma que essa autonomia é conquistada sob a condição de nos tornarmos conscientes, respeitando a autonomia e dignidade de cada um, sem que isso seja considerado um favor de que tenhamos de conceder uns aos outros.

Os processos educacionais e a formação docente devem, assim, acontecer em favor da autonomia do ser dos educandos, do ser quem se forma.

O formando, desde o princípio, deve se convencer de que ensinar não é transferir conhecimento, mas criar as possibilidades para sua produção ou sua construção; e formar não deve ser a ação pela qual um sujeito criador dá forma, estilo ou alma a um corpo indeciso e acomodado. "Ensinar inexiste sem aprender e vice-versa" (FREIRE, 1999, p. 26).

Quando os educandos aprendem realmente, estes vão se transformando em reais sujeitos da construção e da reconstrução do saber ensinado, sempre ao lado do outro sujeito do processo, que é o professor.

Ensinar também exige aceitação do novo, com uma reflexão crítica sobre a prática, pensando no que se fez hoje e no que pode ser melhorado para amanhã, procurando, por meio desta luta para não se tornar um ser condicionado, fazer que seus alunos também percebam esse fato, considerando-se inacabados e, por isso, com condições de ir além.

> É esta percepção do homem e da mulher como seres 'programados, mas para aprender' e, portanto, para ensinar, para conhecer, para intervir, que me faz entender a prática educativa como um exercício constante em favor da produção e do desenvolvimento da autonomia de educadores e educandos (ibid., p. 164).

Como princípios basilares a uma prática educativa que transforma educadores e educandos e lhes garante o direito à autonomia pessoal na construção de uma sociedade democrática, Paulo Freire defende:

- A ética solidária e estética;
- O respeito pelos saberes do educando e o reconhecimento da identidade cultural;
- A rejeição de toda e qualquer forma de discriminação;
- O saber dialogar e escutar;
- O querer bem aos educandos;
- O ter alegria e esperança;

- O ter liberdade e autoridade;
- O ter curiosidade;
- O ter a consciência do inacabado.

O entendimento de que o homem é inacabado e requer a presença de outros homens e outros seres (do mundo natural) na busca de sua completude, aliado ao entendimento de que essa incompletude é infinita, pois sempre haverá algo para aprender, sempre haverá movimento da realidade a exigir conhecimentos novos, implica a compreensão freireana de que os homens se educam em comunhão.

O sentido ideal do movimento de completude deve ser, para Freire, a construção da autonomia de todos, a construção de relações que não incluam a dominação de alguns sobre os outros. Essa perspectiva é decorrente do fato de que todos os seres lutam por ser mais, sendo desejável que alguns não impeçam os demais de realizar sua busca por completude, por saber mais, por ser mais.

A pedagogia decorrente dessa concepção inclui necessariamente o respeito à curiosidade de todos por saber mais, por entender o mundo. Inclui a afetividade e a sensibilidade aos sentimentos que se manifestam e são produzidos pelos homens nessa caminhada por ser autônomo. Inclui a criticidade que permite a passagem da curiosidade ingênua à curiosidade epistemológica, isto é, a passagem das primeiras opiniões para uma compreensão aprofundada da realidade. Inclui a escuta dialógica, que, por sua vez, exige humildade e tolerância por parte do educador para deixar aflorar a curiosidade, as dúvidas, os medos do educando.

> Escutar é obviamente algo que vai mais além da possibilidade auditiva de cada um. Escutar, no sentido aqui discutido, significa a disponibilidade permanente por parte do sujeito que escuta para a abertura à fala do outro, ao gesto do outro, às diferenças do outro. Isto não quer dizer, evidentemente, que escutar exija de quem realmente escuta sua redução ao outro que fala. Isto não seria escuta, mas autoanulação. A verdadeira escuta não diminui em mim, em nada, a capacidade de exercer o direito de discordar, de me opor, de me posicionar. Pelo contrário, é escutando bem

que me preparo para melhor me colocar ou melhor me situar do ponto de vista das ideias. Como sujeito que se dá ao discurso do outro, sem preconceitos, o bom escutador fala e diz sua posição com desenvoltura. Precisamente porque escuta, sua fala discordante, em sendo afirmativa, porque escuta, jamais é autoritária. Não é difícil perceber como há umas tantas qualidades que a escuta legítima demanda do seu sujeito. Qualidades que vão sendo constituídas na prática democrática de escutar (FREIRE, 2001, p. 134-135).

Não resta dúvida de que existem muitos pontos comuns nas pedagogias defendidas por Rogers e Freire. Em Rogers (2001, p. 126): "Concordo com as concepções básicas de Freire. Já indiquei, ao falar de educação, que eu estenderia os princípios básicos, sobre os quais ambos parecemos estar de acordo, a todas as situações de aprendizagem". Existem semelhanças, sobretudo no que diz respeito à liberdade de expressão individual, à crença na possibilidade de os homens resolverem, eles próprios, seus problemas, desde que motivados interiormente para isso.

Passamos atualmente por profundas modificações sociais, políticas e econômicas. No espaço mundial, surgem novas situações e demandas que produzem uma dinâmica cada vez mais intensa de incertezas e desafios. Inovações tecnológicas, crescente importância do conhecimento, o papel estratégico da informação, intensificação da interdependência econômica entre países e regiões são apenas alguns aspectos que formam o novo quadro mundial, no qual todos estamos inseridos como indivíduos.

Nesse contexto, a incerteza aparece como um dos principais norteadores das ações humanas e dificulta a elaboração de previsões de médio e longo prazo. Dessa maneira, é importante refletirmos sobre a situação da Escola, quais suas possibilidades quanto à sua atuação transformadora.

A Escola necessariamente configura-se como espaço de socialização de indivíduos, de interação entre indivíduo e sociedade e principalmente como espaço reflexivo de possibilidades de transformação. A relação dialética entre indivíduo e meio tem nas relações interpessoais uma de suas principais características de direcionamento do indivíduo no contexto coletivo. A Escola, portanto, deve dotar o indivíduo de saberes que propiciem ações que lhe permitam posicionar-se criticamente diante das relações sociais e interpessoais que surgirão durante sua vida.

Para Rogers, o objetivo maior é o que chama de "vida plena", tendo como centro uma perspectiva situacional e condicional do indivíduo diante de sua própria existência. Rogers destaca três características necessárias para obter a "vida plena":

* Abertura crescente às experiências;
* Aumento da vivência existencial (reflexiva);
* Criatividade.

A autonomia do indivíduo é eixo central das três características acima. Essas atitudes interagem entre si como caminhos da construção individual dessa autonomia e produzem uma emancipação do ser que ao mesmo tempo o integra ao mundo e o liga aos outros homens, porém em melhores condições de não se submeter. Entregar-se à experiência pela curiosidade, pelo interesse, pelo desejo de conhecer e de mudar não significa submeter-se à experiência e ser determinado por ela. Significa aprender a conviver com aquilo de que se depende em autonomia, em diálogo, em conflito na direção de poder ser mais e estar melhor para todos.

A consciência da vivência existencial nos difere dos demais animais e é a principal causa da nossa situação de seres éticos capazes de realizar, por opção, o bem ou o mal. Para Paulo Freire, a vida vira existência na proporção em que o corpo humano vira corpo consciente: "O suporte veio fazendo-se mundo e a vida, existência, na proporção que o corpo humano vira corpo consciente, captador, apreendedor, transformador, criador de beleza e não 'espaço' vazio a ser enchido por conteúdos" (FREIRE, 1996, p. 32).

Podemos considerar, então, que ser criativo, permitir-se novas experiências, aumentar a vivência existencial implica estarmos conscientes de nosso inacabamento; e nesse processo a autonomia é situação fundamental para se chegar às ações necessárias na construção da "vida plena".

Cabe, então, reflexão sobre o papel da educação escolar nesse contexto. A educação deve contemplar a construção da autonomia para proporcionar condições de se obter a "vida plena", propiciando reflexão e a interiorização do conhecimento.

O indivíduo, portanto, também deve ser inserido nesse processo como um ponto dessa rede, que, conhecedor de sua identidade e dos saberes que ela implica, utiliza sua autonomia e consciência existencial para se colocar inteira e livremente no processo complexo de produção de cultura.

Para finalizar, registro duas afirmações de Rogers e Freire que me parecem exemplares para evidenciar o que compreendo ser essencial aos coordenadores pedagógicos em seus desafios na construção de processos educacionais colaborativos.

> Quanto mais aberto estou às realidades em mim e nos outros, menos me vejo procurando, a todo custo, remediar as coisas. Quanto mais tento ouvir-me e estar atento ao que experimento no meu íntimo, quanto mais procuro ampliar essa mesma atitude de escuta para os outros, maior respeito sinto pelos complexos processos da vida. É esta a razão por que me sinto cada vez menos inclinado a remediar as coisas a todo custo, a estabelecer objetivos, modelar as pessoas, manipulá-las e impeli-las no caminho que eu gostaria que seguissem. Sinto-me muito mais feliz simplesmente por ser eu mesmo e deixar os outros serem eles mesmos. Tenho a nítida sensação de que este ponto de vista deve parecer muito estranho, quase oriental. Para que serve a vida se não procurarmos agir sobre os outros? Para que serve a vida se não os levarmos a agir e a sentir como nós agimos e sentimos? Como se pode conceber um ponto de vista assim tão inativo como o que estou propondo? Tenho certeza que atitudes como estas serão, em parte, a reação de muitos de vocês. Contudo, o aspecto paradoxal da minha experiência é que, quanto mais me disponho a ser simplesmente eu mesmo em toda a complexidade da vida e quanto mais procuro compreender e aceitar a realidade em mim mesmo e nos outros, tanto mais sobrevêm transformações (Rogers, 1997, p. 25).

Atitude correta de quem se encontra em permanente disponibilidade a tocar e a ser tocado, a perguntar e a responder, a concordar e a discordar. Disponibilidade à vida e a seus contratempos. Estar disponível é estar sensível aos chamamentos que nos chegam, aos sinais mais diversos que nos apelam, ao canto do pássaro, à chuva que cai ou que se anuncia na nuvem escura, ao riso manso da inocência, à cara carrancuda da desaprovação, aos braços que se abrem para acolher ou ao corpo que se fecha na recusa. É na minha disponibilidade permanente à vida a que me entrego de corpo inteiro, pensar crítico, emoção, curiosidade, desejo, que vou aprendendo a ser eu mesmo em minha relação com o contrário de mim. E quanto mais me dou à experiência de lidar sem medo, sem preconceito, com as diferenças, tanto melhor me conheço e construo meu perfil (FREIRE, 2001, p. 58).

Foram, principalmente, essas afirmações de Rogers e de Freire que me mobilizaram para tomar determinadas decisões e ações em minha trajetória profissional. Daí o desejo de compartilhá-las com meus colegas coordenadores pedagógicos.

Referências

ALMEIDA, L. R. Contribuições da Psicologia de Rogers para a Educação: uma abordagem histórica. In: PLACCO, V. M. N. S. (org.). *Psicologia e educação*: revendo contribuições. São Paulo: Educ, [5]2007.

BRUNO, E. B. G. *Os saberes das relações interpessoais e a formação inicial do coordenador pedagógico*. 2006. Tese de doutorado em Psicologia da Educação – Programa de Pós-Graduação em Psicologia da Educação, Pontifícia Universidade Católica de São Paulo, São Paulo, 2006.

FREIRE, P. *Pedagogia do oprimido*. Rio de Janeiro: Paz e Terra, [38]2004.

_____. *Educação e mudança*. Rio de Janeiro: Paz e Terra, 1983.

_____. *Conscientização*: teoria e prática da libertação. São Paulo: Cortez & Moraes. 1980.

_____. *Pedagogia da autonomia*: saberes necessários à prática educativa. São Paulo: Paz e Terra, [12]1996.

_____. *Pedagogia da esperança*: um reencontro com a pedagogia do oprimido. Rio de Janeiro: Paz e Terra, 1992.

_____. *Educação como prática da liberdade*. Rio de Janeiro: Paz e Terra, ²⁵2001.

_____. *Pedagogia da indignação*: cartas pedagógicas e outros escritos. São Paulo: Unesp, 2000.

_____. *Pedagogia da tolerância*. São Paulo: Unesp, 2004.

FURLANETTO, E. Como acolher a singularidade das escolas? Uma reflexão sobre o papel do coordenador. In: ALMEIDA, L. R.; PLACCO, V. M. N. de S. (orgs.). *O coordenador pedagógico e o atendimento à diversidade*. São Paulo: Loyola, 2015.

_____. A recuperação da história de vida da instituição: um projeto de formação. In: ALMEIDA, L. R.; PLACCO, V. M. N. de S. (orgs.). *O coordenador pedagógico e a formação centrada na escola*. São Paulo: Loyola, 2013.

_____. O coordenador diante do desafio da formação: a busca de uma nova lógica. In: ALMEIDA, L. R.; PLACCO, V. M. N. de S. (orgs.). *O coordenador pedagógico*: provocações e possibilidades de atuação. São Paulo: Loyola, 2012.

JOSSO, M. C. *Experiências de vida e formação*. Prefácio Antônio Nóvoa. São Paulo: Cortez, 2004.

PLACCO, VERA MARIA NIGRO et al. O coordenador pedagógico (CP) e a formação de professores: intenções, tensões e contradições. In: FUNDAÇÃO VICTOR CIVITA (org.). *Estudos & Pesquisas Educacionais*. São Paulo: Fundação Victor Civita, 2010, v. 1, p. 227-288.

ROGERS, C. R. *Tornar-se pessoa*. São Paulo: Martins Fontes, ⁵1997.

_____. *Sobre o poder pessoal*. São Paulo: Martins Fontes, ⁴2001.

_____. *Liberdade para aprender*. Belo Horizonte: Interlivros, ²1978.

O itinerário metodológico para uma proposta de formação participativa

Alcielle dos Santos[1]
alcielle.santos@gmail.com
Vera Maria Nigro de Souza Placco[2]
veraplacco@pucsp.br

> *Para mim, o utópico não é o irrealizável; a utopia não é o idealismo, é a dialetização dos atos de denunciar e anunciar, o ato de denunciar a estrutura desumanizante e de anunciar a estrutura humanizante. Por esta razão a utopia é também um compromisso histórico. A utopia exige o conhecimento crítico. É um ato de conhecimento. Eu não posso denunciar a estrutura desumanizante se não a penetro para conhecê-la.*
> (FREIRE 1979)

O entendimento de que uma das principais atribuições de um coordenador pedagógico é a formação dos professores tem sido consenso na bibliografia recente e nas publicações da Coleção "O

---

1. Pedagoga, mestre em Educação: Formação de Formadores pela PUC-SP. Coordenadora pedagógica na rede particular de Santos/SP; autora de dissertação de mestrado em que este texto está fundamentado.
2. Professora doutora do programa de mestrado profissional em Educação: Formação de Formadores e do programa de estudos pós-graduados em Educação: Psicologia da Educação, ambos da PUC-SP, e orientadora da dissertação de mestrado em que este texto está fundamentado.

Coordenador Pedagógico". Porém, além da formação como pertença do coordenador pedagógico (CP), defende-se neste artigo que a gestão da formação seja participativa e que o coordenador pedagógico escolha uma ou mais metodologias que propiciem a ampliação da volição por parte do professor e a abertura de espaço para autoria no próprio processo formativo.

Em modelos tradicionais de elaboração de planos de formação, coordenadores pedagógicos privilegiam a criação de listas de temas a serem desenvolvidos com os professores, em apresentações unilaterais, como acontece em processos de assessoria externa. Ou seja, a identidade docente não aparece nessas propostas formativas, pois não é dada a participação aos professores na escolha desses temas, ou mesmo da metodologia de trabalho e estudo a ser utilizada. O que se propõe é a ruptura desse modelo; que a atuação do CP deixe de ser solitária, semelhante à do assessor que se especializa, e passe a ser exercida em parceria com o corpo docente em formação. Enfim, propõe-se a criação de um coletivo participativo.

Para que essa meta se traduza em utopia realizável, na perspectiva de Freire, trazida como epígrafe deste texto, faz-se necessário:

a) a definição de procedimentos metodológicos favoráveis à participação, para os encontros de formação;
b) o planejamento das pautas, buscando garantir bons registros, retomadas constantes e avaliação do processo;
c) que essas pautas de formação partam dos interesses e demandas dos professores e dos problemas vividos em suas salas de aula.

Como propiciar e incentivar a participação

Que tipo de participação se deseja para o professor, no plano de formação do CP? Como essa participação seria exercida pelos professores? A participação gera contribuições favoráveis ao desenvolvimento profissional do professor?

Em busca das respostas a essas questões, a reflexão acerca do tema da participação adota, como premissa conceitual, a tipologia de Beuret (2006), em que o autor diferencia a participação em níveis de relações verticais e horizontais. Os níveis de participação estabelecidos por Beuret (2006) permitem que analisemos as posturas dos participantes da formação, assim como as ações dirigidas (nas relações verticais) ou mediadas (nas relações horizontais) pelo CP. A tipologia está assim disposta pelo autor:

Figura 1: Formas de participação no projeto de formação.

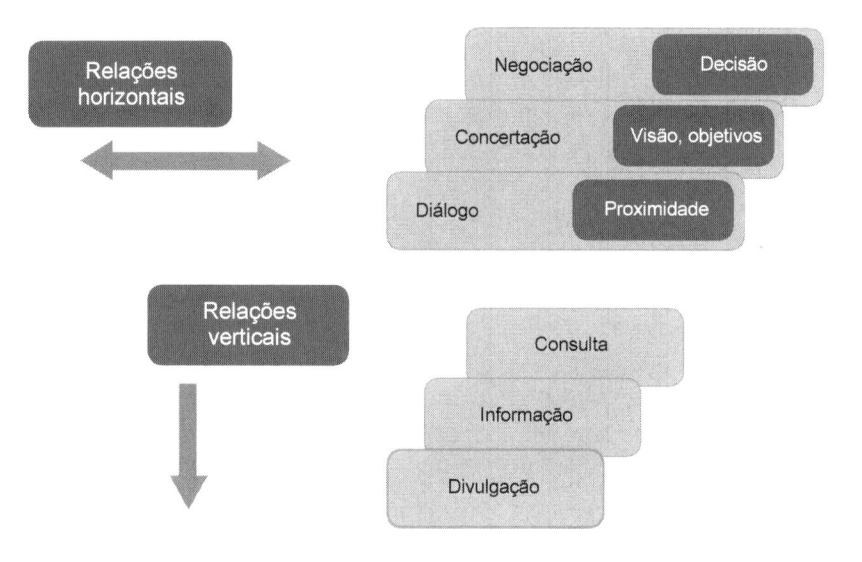

Relações horizontais: Negociação, Decisão, Concertação, Visão, objetivos, Diálogo, Proximidade

Relações verticais: Consulta, Informação, Divulgação

Fonte: Beuret (2006)

No modelo proposto, as participações verticais são divididas em três tipos: divulgação, informação e consulta.

– Divulgação: nesse tipo de participação, há adesão a uma mensagem estabelecida pelo CP ao grupo em formação. Corresponde aos modelos tradicionais de formação, em que o CP define uma pauta formativa em seu plano, sem dar participação ao professor.

- Informação: também unilateral, porém se oferecem ao grupo mais dados, que acabam por permitir a construção de opinião.
- Consulta: a opinião dos participantes é indagada, mas não há garantia de que constará da tomada de decisão, ou seja, da pauta formativa.

A divulgação e a informação perfazem tipos de interação descendentes, unilaterais e, na consulta, já há reciprocidade, ou seja, ocorre uma aproximação de um segundo nível, o das interações horizontais. Entre essas, temos o diálogo, a concertação e a negociação.

- Diálogo: nesse primeiro tipo de participação, não há uma finalidade precisa, mas já há condições de conhecer e compreender os interesses do grupo.
- Concertação: as decisões são ajustadas aos interesses individuais dos participantes, mas não são elas o centro. Busca-se construir uma visão coletiva de objetivos e projeto para o bem comum, considerando-se as visões de cada um dos indivíduos. A participação e as regras do jogo são construídas voluntariamente.
- Negociação: busca-se uma solução mútua aceitável, um acordo na tomada de decisões que, nesse caso, é o centro do processo. É pertinente quando há uma ou mais divergências.

Nas relações verticais, o gestor adota postura diretiva e unilateral, algo que pode ser observável nos processos de formação que propõem pautas pensadas pelo CP, sem a participação efetiva dos professores de seu grupo, ou seja, denotam processos hegemônicos, de centralização de poder, no papel exercido pelos CPs. As relações horizontais retratam processos formativos mais centrados na participação, pois se fundam no estabelecimento de relações identitárias, em que o coletivo de sujeitos assume um "nós comunitário" (DUBAR, 2009), ou seja, ao serem protagonistas do próprio processo formativo, há significado, maior pertença e, portanto, amplia-se o engajamento (processo volitivo). Porém, há diferenciação nos níveis de participação: as opiniões são consideradas com base no nível de relação de consulta, primeiramente não vertical, que amplia as relações de proximidade. Porém, apenas na concertação e na negociação têm-se relações horizontais de fato participativas.

Destaque-se que, entre os níveis verticais e horizontais de participação apresentados na figura 1, há um tracejado pontilhado que representa a possibilidade de idas e vindas, ou seja, que, mesmo em processos horizontais, como a concertação, sejam utilizadas estratégias de participação verticais, como a divulgação ou a consulta. A boa navegabilidade entre as dimensões também é um atributo desejável para os CPs.

O planejamento participativo

A escolha de um modelo de gestão partilhada tem de passar necessariamente por decisões metodológicas e pelo estabelecimento de objetivos. Se, na gestão concertada, que visa à construção coletiva de visões do grupo para atingir um bem comum, pode haver, em alguns momentos, diálogo, consulta ou negociação, a determinação dos caminhos, dos itinerários a se seguir deve exigir dos CPs, como gestores da participação, momentos de análise e avaliação, rigor nos registros e a partilha do plano em si. Ou seja, terão de decidir com o coletivo de professores os passos a serem dados, os recuos para retomada e os avanços em favor de objetivos comuns. Para tanto, o CP deve dar publicidade ao produto final do processo de planejamento da formação, ou seja, ao plano que será seguido ao longo do semestre.

Portanto, a metodologia a ser seguida nos encontros de formação e a organização dos encontros devem ter atenção especial dos CPs, para priorizar o protagonismo docente, ao emergir da tematização de práticas de sala de aula ou se problematizarem as situações-limite vividas pelos professores. A partir dessa premissa, observaram-se, em pesquisa que antecedeu este artigo, as opções feitas por coordenadores pedagógicos de uma escola particular de Santos/SP pela tematização da prática, de acordo com Weisz (2009), e pela investigação temática, proposta por Freire (2005), como metodologias escolhidas para organização dos momentos de formação dos professores dos segmentos de Ensino Fundamental e de Ensino Fundamental 2 e Médio, que atuavam em parceria.

No Ensino Fundamental 1, foi proporcionada participação às professoras, inicialmente por diálogo e consulta, a partir do que se definiu o tema avaliação como central para o estudo.

[...] **uma avaliação que eles nos escrevam** enquanto dificuldades que eles sintam, enquanto necessidades que eles tenham, **são também pontos disparadores de reflexão para a gente montar um plano de formação.**

CP Nina (Fund. 1, manhã)

O que a gente precisa estudar enquanto equipe, **a gente observa de fora a necessidade e também consulta os professores**, vê no que eles estão com dúvidas e querendo aprofundar o estudo. Trabalhamos em função desses temas que eles nos trazem. A gente faz algumas reuniões periodicamente, para eles irem elencando esses temas de acordo com as necessidades.

CP Brenda (Fund. 1, tarde)

Apesar de se optar por uma formação temática, o percurso de trabalho trouxe uma inovação metodológica — professoras passaram a tematizar práticas de avaliação, experienciadas em suas salas de aula, a partir de registros feitos em parceria com as coordenadoras pedagógicas. Esse movimento determinava a horizontalização da formação proposta, pois professoras passaram a protagonizar a formação do grupo ao qual pertenciam.

No Ensino Fundamental 2 e Médio, seguindo proposta de Paulo Freire de investigação temática, os CPs realizaram levantamento dos principais problemas apontados por cada professor, para que esses passassem a orientar o encaminhamento da proposta de formação. Partindo de perguntas respondidas no individual e debatidas em grupos, realizaram a problematização — quais os problemas restritivos ou impeditivos de suas práticas em sala de aula. Em seguida, com base nas falas dos professores, foi realizada a categorização dos problemas pelos CPs, elaborada a apresentação para os professores e finalizada a sistematização dos dados.

O importante, no meu ponto de vista, é conseguir compreender essa necessidade do professor e também ter essa flexibilidade para adaptar, em determinados momentos, as necessidades maiores que vão surgindo ao longo do trabalho. [...] Então, **o planejamento é feito de forma democrática; a partir dos problemas que os professores apontam, criamos um planejamento flexível**, uma vez que tenho de atentar as demandas que vão surgindo ou os problemas que já existem e precisam, em determinados momentos, serem trabalhados, mesmo de um planejamento já feito.

CP Paulo (Fund. 2)

Na categorização dos problemas levantados pelos professores, foram estabelecidos, pelos CPs, tópicos para o desenvolvimento dos encontros de formação do ano letivo, que foram aprovados em reunião pedagógica com os professores. Ou seja, os professores participaram diretamente da decisão do que seria conteúdo da formação a ser construída pelos CPs e por eles, apontando problemas e depois confirmando se a categorização feita correspondia aos problemas que haviam sido elencados, para que finalmente fossem incluídos no plano de formação.

No último período de observação da pesquisa, houve um movimento ainda mais determinante de processo de horizontalização e do tipo de gestão concertada: professoras do Ensino Médio ministraram formação para professoras do Ensino Fundamental 1. Essa proposta se apresentava como embrionária de uma nova transição: a passagem de uma proposta participativa de diálogo e cooperação para uma proposta colaborativa, em que CPs e professores se colocavam em interação e aprendizagem, sem hierarquização de funções ou de conhecimentos. Conforme esclarece Beuret (2006), em processo participativo de gestão concertada, preservam-se as identidades dos indivíduos, mas estes se colocam em interação horizontal com os demais participantes. Logo, CPs e professores continuaram a ser, assim, identificados por suas funções na escola, mas as descobertas pedagógicas de um ou mais professores passaram a legitimá-los para ministrar uma formação para seu grupo de colegas, incluindo os CPs.

> **Eu acredito nessa interação. A gente acaba formando grupos entre níveis de toda a escola**, a gente acaba fazendo atividades

onde um professor do Fundamental 1 pode passar as experiências do Fundamental 2 e assim por diante. Então, realmente nas formações está sempre todo mundo junto.
Professora Daniela (Fund. 1, manhã)

[...] **as professoras passaram esse conhecimento que nem sempre a gente está ali lidando, trabalhando com os menores.** Hoje mesmo consegui montar uma atividade tranquila; foi rápido, vou tentar aplicar semana que vem. **Dessa forma, a gente interage.** Antes, eram mais professoras do Fundamental 1, manhã e tarde. **Agora, a gente está conseguindo conhecer e até ser amigo dos professores do Fundamental 2 e Médio. Isso eu acho bacana.**
Professora Luiza (Fund. 1, tarde) (grifos dos autores)

O plano participativo passava a permitir um nível de horizontalidade colaborativa em que os participantes poderiam alternar os papéis nos momentos formativos. Essa horizontalidade foi bem avaliada pelos professores, como as falas destacadas mostram. Além disso, não foram apenas favoráveis ao percurso formativo, mas à identidade do corpo docente e seu pertencimento societário (DUBAR, 2009).

A pauta de formação, os interesses e demandas da sala de aula

Faltando aos homens uma compreensão crítica da totalidade em que estão, captando-a em pedaços nos quais não reconhecem a interação constituinte da mesma totalidade, não podem conhecê-la. E não a podem porque, para conhecê-la, seria necessário partir do inverso.

[...] Este é um esforço que cabe realizar, não apenas na metodologia da investigação temática que advogamos, mas, também, na educação problematizadora que defendemos. O esforço de propor aos indivíduos dimensões significativas de sua realidade, cuja análise crítica lhes possibilite reconhecer a interação de suas partes (FREIRE, 2005, p. 111).

Propor ao professor uma dimensão significativa de sua prática, nos momentos de formação, requer, como defendido até este ponto, que lhe seja dada participação na pauta, no plano de formação.

Esses achados de pesquisa remetem-nos a Tardif, pois os problemas elencados pelos professores são representativos dos saberes que serão utilizados por eles em seu cotidiano.

> [...] considerar os professores como atores competentes, como sujeitos de conhecimento, permite renovar as visões vigentes a respeito do ensino (TARDIF, 2013, p. 229).

Há uma gradativa construção de um público-alvo ativo que se educa, como menciona Barbier (2013) e confirmamos nas falas dos professores João e Frida:

> **Há interação, há muita troca de informação.** Professores que têm investido em alguns aspectos, levado conhecimento de outros. **Tem havido uma dialética** nesse sentido, porque, naturalmente, a gente vai percorrer caminhos não opostos, mas diferentes, com propostas alternativas, ideias que vão surgindo, e esse momento semanal de debates e conversas por áreas, sobretudo, que a ideia de um acaba servindo para o outro, as propostas acabam funcionando, tendo um efeito quase semelhante dentro das disciplinas afins. Então, **tem surtido muito efeito isso, tem havido muita interação e agregação também de propostas, têm sido muito ricos, muito prósperos esses momentos, com certeza.**
>
> Professor João (EM)

> No passado, como era uma formação mais fechada, existia uma interação, mas tímida, porque não havia muito espaço. Como era uma coisa mais fechada, até o desenvolvimento dessa interação era difícil. [...] Não acredito em escolas sem vínculos, acho que vínculo é fundamental para o desenvolvimento de qualquer coisa dentro de uma escola; então, **temos um corpo docente com esse vínculo e nossa interação, agora, com essa formação mais aberta.**

Eu acho que é uma relação dialética, acho que parte da necessidade dos dois grupos, no Fundamental 2 e no Ensino Médio. **Acho que nós temos vários tipos de interações: específicas de Geografia com Geografia, Geografia por área, temos as interações afetivas: gosto de trabalhar com você, então vamos interagir de tal forma que nosso currículo pode vir a calhar de criar um movimento, porque você quer e gosta de trabalhar com aquele colega.** Acho que temos interações extremamente pensadas e muito assertivas, de **juntar grupos diferentes da escola.**

Professora Frida (EM) (grifos dos autores)

A orientação da pauta de formação com base nas demandas de sala de aula, nos problemas apontados pelos professores durante a aplicação da metodologia freireana de tematização da prática, produziu um contexto de profissionalização. Essa afirmação justifica-se na observação do ambiente de gestão concertada que foi reconhecido pelos professores como espaço educativo, algo que também pode ser compreendido como um espaço de transformação de competências (BARBIER, 2013, p. 48). A fala da professora Frida nos apresenta esse coletivo que decide como, com quem e de que forma interagir e pensa suas próprias práticas, em formação. Assim, propõe-se uma representação da rede de colaboração gestada via tematização da prática (no Fundamental 1) e investigação temática (no Fundamental 2 e Médio), metodologias participativas adotadas pelos CPs que geraram um ciclo de autoria com os professores, como sujeitos ativos dos conhecimentos construídos.

Nesta perspectiva, o itinerário metodológico definido por CPs e professores investiu simultaneamente na ação de formação e nos próprios sujeitos. Ou seja, a eficácia da proposta formativa impactou a atividade fim, o processo de ensino e aprendizagem e, também, os sujeitos ativos desse processo — CPs e professores.

O ciclo de autoria criado está representado na figura 2, que apresenta a possibilidade de a participação ser atingida por um coletivo de CPs e coordenadores, por diferentes meios de acesso:

- volição: se o coletivo de professores já está engajado na proposta de formação de uma escola, a participação se dá

mais naturalmente e com maior protagonismo. O desafio será atingir o nível de participação de gestão concertada que também suscita volição, engajamento, como vimos no contexto de pesquisa observado.
- autoformação: os professores sinalizaram, em suas falas, que o nível de participação gerado pelo itinerário formativo permitiu a constituição de parcerias, de processos de autoformação entre pares e até mesmo entre segmentos de ensino.
- autoria: a maior participação dos sujeitos em formação gerou autoria e, portanto, maior sentimento de pertença.
- construção identitária: volição, processos de autoformação em interações de diferentes níveis e autoria são fatores a consolidar a construção identitária do coletivo de professores e CPs.

Ao optar pela não hierarquização desses fatores, busca-se colocá-los em processo relacional, como as próprias metodologias participativas têm como objetivo.

Figura 2: A participação e o ciclo de autoria

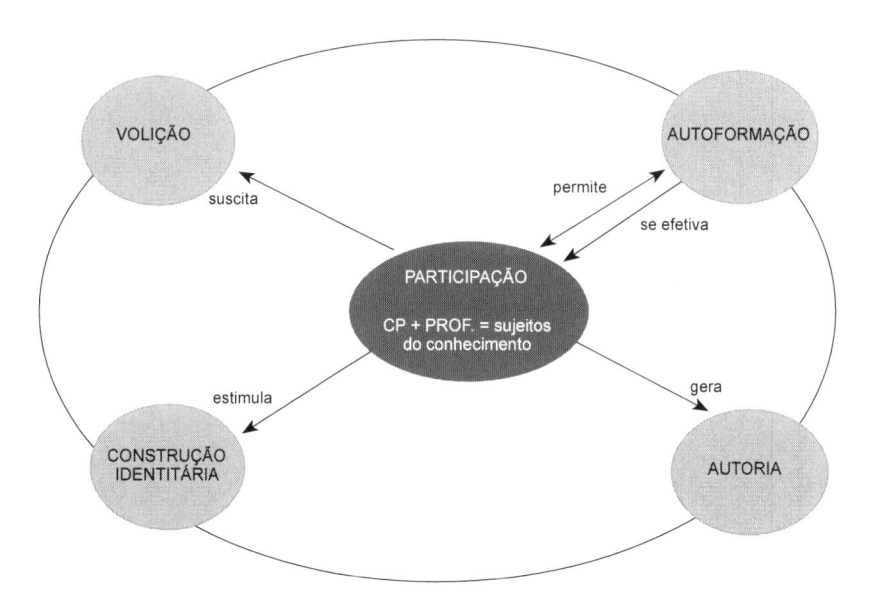

Como sujeitos do conhecimento a ser construído e potencializado em formação, CPs e professores constroem um ciclo de autoria, facilitador do próprio desenvolvimento profissional.

Considerações finais: o itinerário metodológico

Conclui-se que, ao perceberem suas necessidades contempladas no plano de formação, os professores enxergam significância na construção colaborativa do plano de formação e, portanto, tornam-se coautores, com seus coordenadores pedagógicos. Ao estabelecerem vínculos de participação em nível horizontal, reforçam o sentimento de pertença ao seu grupo e, portanto, suscitam voluntariamente novas atribuições em seus processos de formação e nas situações didáticas que planejam para suas aulas, em parceria com seus CPs. Esse processo é favorável ao desenvolvimento profissional, de acordo com Tardif (2013) e Barbier (2013), e os CPs atuam como mediadores e construtores de sentido.

> [...] conhecendo já suficientemente as situações em relação às quais a formação é construída, principalmente as ações de aperfeiçoamento profissional, os adultos são capazes de intervir na análise das necessidades, na definição de objetivos e projetos e nas avaliações, mesmo que haja um equilíbrio de poder importante atuando nesse nível (BARBIER, 2013, p. 27).

O que se propõe é um itinerário dinâmico para a formação participativa, proporcionado pelo coordenador pedagógico, ao escolher uma metodologia ajustada a esse propósito. Além da tematização da prática e da investigação temática, outras metodologias podem ser adotadas e ajustadas às realidades escolares. A imagem que se deixa é de ciclo, com diferentes possibilidades de adesão ao processo e constantes retomadas para problematização e replanejamento. Diversos podem ser os itinerários metodológicos construídos por coordenadores pedagógicos e professores. Defende-se a construção de um ciclo de autoria e participação de ambos, como sujeitos do processo.

A formação de professores pode cumprir o papel de espaço promotor de mudanças dos sujeitos e dos contextos de ensino e aprendizagem. Como nos ensinou Paulo Freire, a transformação do mundo se dá pelas pessoas. Diante disso, defende-se que a formação seja espaço para essa transformação ao ser proposta de forma participativa, utilizando-se um caminho, um itinerário planejado e construído coletivamente.

Referências

ALMEIDA, L. R.; PLACCO, V. M. N. S. *O coordenador pedagógico e a formação centrada na escola*. São Paulo: Loyola, 2013.

BARBIER, J. M. *Formação de adultos e profissionalização*: tendências e desafios. Brasília: Liber Livros, 2013.

BEURET, J. E. *La Conduite de la concertation*: pour la gestion de l'environnement et le partage des ressources. Paris: L'Harmattan, 2006.

DUBAR, C. *A crise das identidades*: a interpretação de uma mutação. Trad. Mary Amazonas Leite de Barros. São Paulo: Editora da Universidade de São Paulo, 2009.

FREIRE, P. *Pedagogia do oprimido*. Rio de Janeiro: Paz e Terra, 2005.

_____. *Conscientização – teoria e prática da libertação*: uma introdução ao pensamento de Paulo Freire. São Paulo: Cortez & Moraes, 1979.

SANTOS, A. *A formação participativa como itinerário metodológico do coordenador pedagógico para implementação de inovações*. Trabalho final apresentado ao programa de mestrado profissional: Formação de Formadores. São Paulo: PUC-SP, 2016.

TARDIF, M. *Saberes docentes e formação profissional*. Petrópolis: Vozes, 2013.

WEISZ, TELMA; SANCHEZ, ANA. *O diálogo entre o ensino e a aprendizagem*. São Paulo: Ática, ²2009.

O trabalho colaborativo
no contexto dos ginásios vocacionais

Moacyr da Silva[1]
rmoasilva@yahoo.com.br

> A liberdade será algo vivo e transparente
> como um fogo ou um rio e sua morada
> será sempre o coração do homem.
> (Thiago de Mello)

Em vários artigos temos ressaltado a importância que tiveram as escolas públicas experimentais de renovação pedagógica do estado de São Paulo, principalmente nas décadas de 1960 e 1970.

Assim, destacamos o Colégio de Aplicação da USP ainda em funcionamento, o Ginásio Estadual Dr. Edmundo de Carvalho, mais conhecido por Ginásio Experimental da Lapa, extinto na década de 1980, e os Ginásios Estaduais Vocacionais, cassados pela ditadura militar.

Todos eles prestaram enormes contribuições ao Sistema Educacional paulista pelo alcance de suas propostas pedagógicas, cujos reflexos podemos constatar em várias atividades das escolas na atualidade[2].

---

1. Doutor em Psicologia da Educação pela Pontifícia Universidade Católica de São Paulo PUC-SP.
2. Sobre o histórico das escolas experimentais, ver Laurinda Ramalho de Almeida em *A Coordenação Pedagógica no estado de São Paulo nas memórias dos que participaram de sua história*. São Paulo: Loyola, 2010, 11.

Os Ginásios Estaduais Vocacionais, importantes instituições de renovação pedagógica, criados e idealizados pela Profª. Maria Nilde Mascellani, iniciaram-se em 1960, em comunidades com características bem diferenciadas: o Ginásio Vocacional "Oswaldo Aranha", numa área metropolitana altamente industrializada, no Brooklin, em São Paulo, capital; o Ginásio Vocacional de Americana, em um parque industrial do setor têxtil, em crescimento; o de Barretos, em uma área com predomínio da economia agropecuária; o de Batatais, em um município caracterizado como agrícola; e o de Rio Claro, claramente marcado pela importância do entroncamento ferroviário[3].

Neste artigo, procuraremos resgatar um pouco da experiência do Ginásio Estadual Vocacional "João XXIII", de Americana, onde exerci as funções de orientador pedagógico, e cuja tônica do processo educacional era a do trabalho colaborativo.

De fato, a quase totalidade das atividades desenvolvidas pela equipe de orientadores com os professores e destes com os alunos envolvia o coletivo, as equipes, característica essencial do trabalho colaborativo. Tão valorizado nas mais diversas instituições, sejam elas educacionais ou de outras modalidades do mercado, há uma ênfase no envolvimento das equipes, no engajamento dos membros das organizações com o trabalho colaborativo. No entanto, o que temos observado nos mais de trinta anos de experiência no magistério é que ainda há predomínio do trabalho solitário dos professores, ficando sua ação limitada à própria sala de aula. Em alguns sistemas ou unidades escolares, muitas vezes há espaço para as horas-atividades, para troca de experiências, para o diálogo, mas nem sempre se têm ocupado esses espaços para um trabalho efetivamente colaborativo, nem se têm alcançado os resultados esperados.

Fatores como as jornadas de trabalho que não se completam em uma mesma escola, os horários escolares truncados, a sobrecarga de trabalho, as trocas de professores, que em quase todo

---

3. Para melhor conhecimento das experiências dos Ginásios Vocacionais, ver Sugestões sobre como conhecer mais sobre os Vocacionais às fls. 59 do livro de Newton Cesar Balzan. Conversa com Professores – do fundamental à pós-graduação. *São Paulo: Cortez, 2015.*

início de ano passam a assumir outras unidades em decorrência de remoções contínuas, os afastamentos por questões de saúde, tudo isso acaba por dificultar o vínculo com os pares e a permanência por mais tempo em uma mesma escola, e evidencia o isolamento, o individualismo. Estas são algumas das variáveis que, sem dúvida, resultam em sérias frustrações do docente e em baixo aproveitamento dos alunos. No Vocacional, a prioridade era a de todos os professores trabalhando em jornada integral, de quarenta horas, o que possibilitava compor uma equipe de trabalho disponível para as aulas, para as reuniões, para a participação sempre em equipe das várias atividades pedagógicas.

Conforme assinalado anteriormente, vamos nos ater a algumas atividades do Vocacional norteadas pelo trabalho colaborativo. Inicialmente, a título de exemplificação, vamos destacar algumas ações envolvidas na "construção" do Projeto Pedagógico ou na elaboração do Planejamento Global anual da unidade escolar, conforme era conhecido naquela época, e sua execução ao longo do ano letivo.

Os trabalhos de construção do Projeto Pedagógico ocorriam na chamada "Semana de Estudos e ou de Planejamento", que antecedia o início das aulas. Geralmente era coordenada pela "equipe de direção", diretor que exercia funções administrativas e pedagógicas, orientadores pedagógicos e educacionais, e envolvia o coletivo dos professores, representantes dos pais, funcionários. O ponto de partida era o "conhecimento da comunidade".

Quando da instalação dos ginásios vocacionais, uma equipe de professores pesquisadores realizou uma exaustiva pesquisa histórica, sociopolítica e econômica de cada comunidade. E no período que antecedia o início do ano letivo, para subsidiar a construção do planejamento anual da unidade (Projeto Político Pedagógico), com a participação de todos os segmentos já mencionados, eram analisados todos os dados da pesquisa, o que possibilitava melhor conhecimento da comunidade. Após a análise dos dados eram definidos os objetivos específicos de cada ginásio vocacional. Tratava-se de um estudo minucioso, de um autêntico trabalho colaborativo.

Dados históricos que deram origem à comunidade, aspectos geográficos, da infraestrutura, estratificação socioeconômica, índices de escolaridade das famílias, convicções religiosas e suas instituições, engajamento dos pais no mercado de trabalho, as expectativas em relação à proposta de inovação do curso ginasial e ao futuro profissional dos filhos, entre outros, possibilitavam a compreensão da dinâmica da comunidade e do perfil dos candidatos que seriam recebidos pela escola.

Em função da análise desses dados, vale destacar uma questão, diria "histórica", comum em quase todos os municípios, que também ocorria em Americana: o diferente tratamento da escolaridade quanto à questão do gênero. No geral, naquela época não se valorizava a continuidade dos estudos das meninas para além da 4ª série primária, principalmente nas camadas sociais mais baixas. A escola era altamente seletiva, e a coeducação recebia um tratamento diferenciado conforme abordaremos a seguir.

No Ginásio Vocacional, como era comum nas demais escolas da época, para ingressar no curso ginasial os candidatos eram selecionados pelos "exames de admissão", uma vez que não havia vagas para todos. E nós do Vocacional, ao tratarmos a questão do gênero de forma igualitária, estabelecíamos que 50% das vagas destinavam-se às meninas e 50% aos meninos, e assim que ingressavam passavam a estudar em classes e equipes mistas.

Vale ressaltar ainda, como fato histórico dominante da época, que era comum em quase todas as escolas a separação dos alunos pelos períodos: meninos no período da manhã, pois estes poderiam trabalhar à tarde. As meninas eram destinadas ao período da tarde. Se a escola funcionava em único período, as classes eram separadas para meninos e meninas.

Essa separação, muitas vezes, era bastante rígida, principalmente aos filhos da elite que estudavam em escolas religiosas: as escolas de freiras para as meninas e os colégios de padre para os meninos, muitas vezes com predomínio dos internatos. Alguns eram tão rigorosos que as visitas dos alunos às famílias ocorriam quinzenal ou mensalmente. Procurava-se assim garantir uma formação de influência europeia, conservadora e de "bons costumes" para os filhos das elites econômicas.

A ênfase e a defesa dos princípios da coeducação iniciadas no Ginásio Vocacional de Americana passaram a ser vistas como uma provocação aos costumes dominantes. De tal forma que uma das diretoras da escola pública mais tradicional da cidade, que segregava os meninos no período da manhã e as meninas no período da tarde, não cansava de manifestar seu "espanto", até ostensivamente, com a organização mista das classes e equipes dos alunos do Vocacional. A repercussão foi tão intensa que até o padre da principal igreja católica, conhecida por igreja matriz da cidade, em um dos sermões da missa dominical, manifestou seu "desconforto", questionando a "postura" desses educadores que colocavam meninos e meninas com "trajes curtos" na quadra de esportes para as aulas de Educação Física. De fato, a experiência do Vocacional foi pioneira na formação de equipes mistas e provocou mudanças até na legislação vigente na área de Educação Física. Até então, era comum a designação de professor homem para as turmas masculinas e de professora para as turmas femininas, com as aulas em horários separados.

Novamente retornamos à questão inicial — quais as relações com o trabalho colaborativo? Nota-se a real evidência, uma vez que, conforme já assinalado, todo o trabalho era coletivo, envolvendo coordenadores e professores em profundos diálogos, questionamentos e reflexões sobre os principais problemas educacionais da chamada escola tradicional, extremamente excludente, que prevalece até hoje, e o desafio para a construção de uma nova escola. Ampliar a visão em relação a esse cenário e engajar-se na construção de um novo projeto educacional iria envolver sempre o trabalho coletivo. Conforme expressa Parrilla (1996, in: DAMIANI, p. 3):

> [...] os grupos colaborativos são aqueles em que todos os componentes compartilham, conforme suas possibilidades e interesses, as decisões tomadas e são responsáveis pela qualidade do que é produzido. Nesse tipo de grupo, os laços de amizade, a iniciativa individual e a motivação levam a uma maior produtividade. Nele, as frustrações e as manifestações agressivas são poucos frequentes.

Em uma leitura retrospectiva, podemos afirmar que nos vocacionais a predominância dos grupos colaborativos podia se constatar na dinâmica cotidiana dos trabalhos dos professores com os coordenadores, deles com seus pares e com o clima e a dinâmica reinantes entre as equipes dos alunos envolvidos nas aulas e nas mais diversas atividades.

Retomando a análise dos dados da pesquisa da comunidade

A reflexão, os questionamentos que emergiam da análise dos dados da caracterização da comunidade suscitavam muitas vezes, a todos os atores engajados nesse processo, a necessidade de aprofundamento de estudos teóricos.

Assim, seminários sobre os estágios de desenvolvimento cognitivo com base nos estudos de Jean Piaget, aspectos psicossociais e cognitivos da adolescência, fatores históricos políticos e socioantropológicos da realidade brasileira, entre outros, subsidiavam a pauta da "Semana de Planejamento". Esses estudos eram complementados com palestras de profissionais como as da Prof[a]. Maria Nilde Mascellani, idealizadora e fundadora da experiência dos Vocacionais, ou da Prof[a]. Maria da Glória Pimentel, importante profissional da Orientação Educacional. Possibilitavam assim, aos professores das diferentes disciplinas, a ampliação da cultura geral e dos conhecimentos pedagógicos adquiridos na licenciatura e subsidiavam os trabalhos de elaboração do Planejamento Anual da Unidade, posteriormente conhecido por Projeto Pedagógico, que alcança maior dimensão nas demais escolas da rede pública a partir de 1980.

Conforme assinalado anteriormente, tratava-se de um primeiro e significativo momento do trabalho colaborativo, que envolvia todos os segmentos da unidade escolar, coordenado pela mencionada equipe de direção em função da implantação de uma proposta pedagógica inédita e altamente diferenciada e avançada para a época.

Diretamente relacionados ao chamado "período de planejamento", somados à análise dos dados da pesquisa da comunidade, outros importantes elementos de estudos eram apresentados a toda a equipe para ampliar o "diagnóstico" da realidade escolar e de significativa importância para subsidiar a construção do Projeto Pedagógico. A retomada e a avaliação das atividades pedagógicas do ano anterior eram possibilitadas por variados estudos e pesquisas realizados na escola, tais como: perfil dos alunos ingressantes, aproveitamento de cada classe e de cada série, índices de aprovação, retenção e evasão, apreciação dos objetivos de cada disciplina ou área de estudos, das sínteses das "unidades pedagógicas" e da interdisciplinaridade, dos principais resultados dos estudos do meio, do aproveitamento ou das dificuldades dos textos e das obras literárias trabalhados em cada série. Então, com base nesse diagnóstico, as metas, os objetivos e as principais diretrizes eram propostas para o novo ano, considerando-se também os objetivos gerais dos Ginásios Vocacionais, constantes do seu Regimento Interno. A título de exemplo, destacamos:

- "proporcionar técnicas de trabalho e de estudo que favoreçam o desenvolvimento pleno da maturidade intelectual do adolescente [...]";
- "propiciar aos adolescentes suficiente treino de independência pessoal, diante das novas exigências da vida";
- "formar o cidadão democrata consciente e responsável";
- "formar a consciência da ação sobre o meio, no sentido de descobri-lo e de modificá-lo" (Planos Pedagógicos e Administração dos Ginásios Vocacionais do Estado de São Paulo, 1969, p. 97-98).

Destacamos estes objetivos, mas aconselhamos o conhecimento de todos os outros pela atualidade que ainda hoje representam e por ainda serem significativos como contribuição à formação de atitudes dos alunos.

Recepção aos calouros

Ainda, a título de exemplificação, esta diretamente relacionada aos objetivos citados, vale resgatar uma atividade simples e altamente significativa: a recepção aos alunos novos, os "calouros". Novamente podemos observar mais uma dimensão do trabalho colaborativo, dos educadores com os educandos. Como parte integrante do Projeto

Pedagógico em execução, havia uma programação dos alunos das séries mais adiantadas (7as e 8as séries[4]) para recepcionar a chegada dos novos, os das 5as séries. Os alunos das séries mais adiantadas atuavam como autênticos "tutores" dos ingressantes.

Os alunos das 5as séries ginasial iniciavam as aulas uma semana após os das séries mais adiantadas. Quando os calouros chegavam eram recebidos no auditório e em assembleia; os das séries mais adiantadas apresentavam as principais normas de convivência escolar e as importantes diretrizes do projeto de inovação pedagógica, instigando-os a expor suas dúvidas e indagações sobre a nova escola. Era o início da primeira unidade pedagógica. Na sequência, cada um dos novos, acompanhado por seus "tutores", percorria cada uma das salas ambientes: a oficina de Artes Industriais, as salas de Artes Plásticas, as de Práticas Comerciais com suas instituições — o Banco, a Cooperativa, a minicasa de Educação Doméstica, com diversas repartições, e onde os meninos e meninas aprendiam os diferentes papéis de cooperação, respeito e solidariedade entre os gêneros.

Em tal oportunidade também manifestavam sua curiosidade em relação ao espaço e aos canteiros de plantas no ambiente de Práticas Agrícolas. O conhecimento da Biblioteca, seu acervo e funcionamento, a sala de Educação Musical, as quadras de esporte e das dependências administrativas, secretaria, salas da direção e dos coordenadores davam prosseguimento aos estudos iniciais. Como o *curriculum* era dinâmico, estava sempre voltado à busca de respostas, de soluções para as indagações e problemas definidos nas aulas plataforma. E o aluno era visto como sujeito de seu próprio processo de aprendizagem, participando com liberdade de um grande número de oportunidades dentro ou fora da sala de aula, por meio de experiências vividas e não meramente livrescas. Vale ressaltar o interesse e a seriedade, bem como a reciprocidade de entusiasmo dos "tutores", que explicavam os objetivos e as atividades de cada área, assim como a satisfação dos novos sempre atentos e ávidos por conhecer cada detalhe.

---

4. Adotamos a nomenclatura 5ª, 6ª, 7ª e 8ª séries do Ensino Fundamental ao designar as séries que na época eram 1ª, 2ª, 3ª e 4ª séries do Curso Ginasial.

Este trabalho ocupava aproximadamente uma semana ou mais e, na sequência, os alunos novos percorriam outras dependências, como as salas da Direção, dos coordenadores pedagógicos e educacionais, entrevistando esses profissionais sobre suas funções, fazendo anotações e registrando as respostas e observações. Posteriormente, em equipes, trocavam as informações e elaboravam as sínteses. Estas, em Assembleias, eram apresentadas na chamada "aula síntese" para responder à unidade pedagógica que se iniciara com a "aula plataforma"[5] em torno da questão: — O que é, e como é a minha escola?

Deve-se ressaltar a importância da compreensão das normas de conduta, da dinâmica e da vida cotidiana na nova escola, mas também do profundo significado das relações socioafetivas que aquelas atividades possibilitavam. Era o início da construção de laços de amizade, de incentivos à comunicação autêntica, sem receios, da solidariedade e quebra da timidez, e consequente inserção dos alunos novos com seus colegas de séries mais adiantadas. Tais atividades iam se alicerçando cada vez mais ao longo dos anos, principalmente pelas diversidades das técnicas de estudo e do compartilhar das equipes mistas do trabalho pedagógico e do desenvolvimento físico-motor, emocional e cognitivo, como bem expressa Balzan (in: ROVAI, 1996, p. 118):

> O pessoal hoje fala tanto de Piaget, Piaget na escola... porque Piaget... Piagetiaram a educação... e não tem a mínima ideia de como trabalhar de fato o Piaget. Se você olhar para trás, vai ver que nós fazíamos mais ou menos isso: provocávamos um desequilíbrio inicial, para depois voltar a uma equilibração, à síntese... Hoje vejo este trabalho de Vocacional — a plataforma — como uma desequilibração inicial, depois a busca de respostas, depois a síntese como uma reequilibração.

---

5. Sobre aula plataforma ver Moacyr da Silva, Deu certo, por que não? A aula plataforma no ensino vocacional, em O Coordenador Pedagógico: provocações e possibilidades de atuação. São Paulo: Loyola, 2012, 121.

Ainda, atualmente, com respeito à recepção aos alunos e aos professores novos, devem ser considerados um importante instrumento de integração à equipe da escola e de trabalho colaborativo da Coordenação.

Destacam-se como ações significativas do Projeto Pedagógico e, como no Vocacional, devem favorecer o desenvolvimento de atitudes de pertencimento e de construção da identidade da escola. É muito comum nas escolas públicas, principalmente, no início de cada ano letivo, a admissão de novos professores e a remoção e a saída de outros.

A pouca permanência dos professores dificulta a formação das atitudes mencionadas com sérios reflexos nos problemas de aprendizagem, do real conhecimento dos alunos e na síntese das suas avaliações nos Conselhos de Classe, em especial os do final do ano, quando se decidem por sua aprovação ou retenção.

Muito diferente do que ocorria no Vocacional, em que alunos e professores assumiam como sendo sua a escola, com profunda identificação, respeito e compromisso com ela, como historicamente podemos observar. Passados mais de cinquenta anos, é atividade comum dos ex-alunos os encontros festivos, comemorativos de dez, vinte e cinquenta anos de formados, como o que foi o realizado pelos alunos de Americana no dia 28 de novembro de 2015. "Cinquenta anos de formados da primeira turma", solenidade que reuniu ex-alunos, professores, orientadores e familiares. Relembraram e relataram aos filhos e netos e demais amigos presentes o profundo significado de tais experiências vividas como grupo para suas vidas, como cidadãos e profissionais, e o privilégio de terem desfrutado a experiência pedagógica do Vocacional. Era a escola que tinham sonhado oferecer a eles! O relato das comemorações desse encontro, pela emoção compartilhada de rever amigos que não se encontravam havia longos anos, pelo carinho de estar juntos novamente, pela troca de experiências profissionais e relato de experiências de vida influenciadas pelas vivências educacionais, pelo entusiasmo da oportunidade de "conviver", merece um capítulo à parte.

Na sequência, retomamos outras atividades pedagógicas que muito refletem o trabalho colaborativo dos Coordenadores com o coletivo dos professores a partir do processo de implantação do Projeto Pedagógico, conforme já enfatizado. Definido na aula plataforma o "problema" ou o tema da unidade pedagógica a ser pesquisado, os Coordenadores trabalhavam com os professores em diversas situações, colaborando, por exemplo, na elaboração dos planos de ensino. Assim, dialogavam sobre os objetivos e os conteúdos que melhor se relacionavam com os de outras disciplinas, buscando já a não fragmentação dos conteúdos escolares e a interdisciplinaridade. Também refletiam, ofereciam sugestões e colaboravam nas decisões sobre os textos, as obras literárias, a bibliografia, que contribuiriam para os estudos em classe e as pesquisas dos alunos, visando sempre à integração dos conteúdos, a interdisciplinaridade, conforme enfatizado.

O planejamento dos estudos do meio quer no município, quer no estado de São Paulo, quer em outras regiões do Brasil, conforme as séries e os problemas da unidade pedagógica, merece uma discussão à parte. Diálogo e sugestões sobre as técnicas de estudos e os recursos audiovisuais em função do trabalho dos conteúdos também eram considerados parte do plano de ensino.

Quanto aos recursos tecnológicos, vale ressaltar que, atualmente, há um discurso dominante por parte de alguns especialistas que reduz a inovação ou renovação pedagógica simplesmente ao uso da tecnologia. Acreditam que simplesmente com a proposta de uso em sala de aula do computador, do *tablet*, do celular ou do *smartphone* e, em especial, se cada aluno tiver os seus, estarão realizando uma autêntica renovação ou revolução pedagógica.

Para muitas escolas, no geral particulares, a ênfase no uso das ferramentas tecnológicas é ap otivo de *status* e propaganda. Para a realidade da maioria das escolas públicas, que funcionam com extrema precariedade, quando muito com giz e lousa, e o esforço de professores abnegados, uma ferramenta sem discussão sobre possibilidades de uso efetivo em trabalhos de pesquisa e de estudos orientados pouco acrescenta a um cenário que clama por mudanças substantivas e requer a atuação pedagógica organizada em um trabalho efetivamente coletivo e participativo.

No contexto do mundo atual, também, não se trata de abolir taxativamente o uso dessas ferramentas. Há uma série de possibilidades oferecidas pelas novas tecnologias, sites que apresentam uma variedade de experimentos científicos para as diferentes áreas do conhecimento, com uso de materiais acessíveis para séries e idades diferentes, e dos quais os professores podem fazer uso nas suas aulas e orientar a aprendizagem contínua dos alunos.

Para aquelas escolas cuja clientela está provida de todos os recursos assinalados, novamente observamos os cuidados e a formação que os professores devem possuir para sua melhor aplicação, visando realmente à melhor aprendizagem dos conteúdos e estes voltados ao alcance dos objetivos, com destaque à formação da cidadania, para que o simples uso não resulte apenas em atitudes individualistas, solitárias, e não solidárias e cooperativas, conforme ocorria com os do Vocacional.

Vale ressaltar que no Vocacional os professores eram preparados pela coordenação pedagógica a fazer uso dos recursos disponíveis na época (retroprojetor, TV, toca-fitas, gravador etc.), que eram usados como auxiliares ao trabalho de ensino-aprendizagem. Era função comum e colaborativa dos coordenadores participar das atividades, e, posteriormente, avaliar com os professores o alcance dos objetivos, a dinâmica das equipes e o aproveitamento dos alunos[6].

A avaliação contínua e sistemática de cada atividade era parte integrante do Projeto Pedagógico como processo em andamento e semanalmente era considerada nos Conselhos Pedagógicos, como se pode observar:

> A prática dos Conselhos Pedagógicos, semanais, sedimentou uma práxis de comunicação, de troca, de relação dinâmica e igualitária entre o professor e seus pares e entre ele e a equipe técnica-orientadores pedagógicos, educacionais [...]. Desse exercício do diálogo nos Conselhos Pedagógicos, resultava o

---

6. A respeito da avaliação, ver: Moacyr da Silva, *A avaliação como recurso articulador do trabalho do coordenador pedagógico*: revisitando a experiência dos ginásios vocacionais. Contribuições para a atualidade, São Paulo: Loyola, 2015, 91.

desabrochar de cada professor pois favorecia a reflexão contínua sobre suas concepções e práticas (Silva, 2005, p. 122).

Constituíam-se em autênticos espaços para as decisões compartilhadas, o engajamento e a valorização de uma cultura colaborativa, e importante recurso de formação continuada, tanto de cultura geral quanto pedagógica, conforme já assinalado.

Uma série de outras atividades do trabalho colaborativo dos coordenadores pedagógicos e educacionais possibilitava o crescimento destes, dos professores, dos alunos e dos pais sempre presentes e atuantes e de todo o coletivo da escola. E, para expressar quanto representou o profundo significado da experiência do Vocacional, nos valemos das palavras do ilustre professor da USP, Antonio Cândido:

> Os ginásios vocacionais são dos movimentos mais belos do Brasil. Ali se formou uma atitude admirável sensibilidade em relação ao mundo em que vivemos, uma capacidade de construir as noções que me parecem as mais capazes de desenvolver no jovem tanto a iniciativa pessoal, quanto o espírito de grupo — os dois grandes pressupostos, aparentemente inconciliáveis, de toda a educação que, em nossos dias, queira possuir um timbre humano (CÂNDIDO, 1970 apud ROVAI, 2005 p. 50).

Retomando a ênfase à liberdade expressa na epígrafe do notável poeta Thiago de Melo e às palavras do ilustre mestre Antonio Cândido, podemos assinalar quanto elas refletiam e se refletem nas ações, nas atitudes daqueles que foram alunos do "Vocacional". E, conforme expresso na parte introdutória do artigo, a tônica que perpassava todas as ações do cotidiano escolar era o trabalho colaborativo.

Conforme ressaltamos ao longo do texto, incentivados pelos orientadores (Equipe de Direção), os coletivos de professores, pais, alunos e funcionários participavam e compartilhavam das mais importantes ações e atividades do processo pedagógico e de suas decisões, colaborando na concretização de seus objetivos, ideais e do sonho de todos. O exercício do diálogo constante, da reflexão, do questionamento, do respeito às diferenças de ideias ou argumentos, da criatividade, da liberdade de expressão, da cooperação, da troca de experiências, da solidariedade demonstrava quanto se tratava de uma escola ativa, dinâmica e diferenciada que possibilitava e demonstrava seu compromisso com a inquietação, com a mudança e o crescimento de todos. Uma escola realmente transformadora, democrática e comunitária. Uma escola que muito incomodou o regime ditatorial da época, que, por sua vez, se voltou drasticamente contra ela, provocando seu fechamento.

Referências

ALMEIDA, L. R. *A coordenação pedagógica no Estado de São Paulo nas memórias dos que participaram de sua história*. São Paulo: Loyola, 2010, p. 11.

BALZAN, N. C. *Conversa com professores do fundamental à pós-graduação*. São Paulo: Cortez, 2015.

DAMIANI, F. M.; VELOSO, B. K.; BARROS, R. R. *Por que o trabalho colaborativo entre professores é importante? Que evidências há sobre isso?* Disponível em: <www.portalanpedsul.co..br/uploads/2004>. Acesso em: 1 mar. 2016.

ROVAI, E. (org.). *Ensino vocacional*: uma pedagogia atual. São Paulo: Cortez, 2005.

ROVAI, E. *As cinzas e a brasa*: ginásios vocacionais. Um estudo sobre o processo de ensino-aprendizagem na experiência pedagógica do ginásio estadual vocacional Oswaldo Aranha 1962/1969. Tese de doutorado em Psicologia da Educação, São Paulo: PUCSP, 1996.

Serviço do Ensino Vocacional. *Planos pedagógicos e administrativo dos ginásios vocacionais do estado de São Paulo*, 1968.

SILVA, M da. *A avaliação como recurso articulador do trabalho do coordenador pedagógico*: revisitando a experiência dos ginásios vocacionais. Contribuições para a atualidade. In: PLACO, V. N. S. et al. *O coordenador pedagógico no espaço escolar*: articulador, formador e transformador. São Paulo: Loyola, 2015. São Paulo: EDUC, 2002.

SILVA, M. Deu certo, por que não? A aula plataforma no ensino vocacional. In: ALMEIDA, L. R.; PLACCO, V. M. N. DE S. (orgs.). *O coordenador pedagógico*: provocações e possibilidades de atuação. São Paulo: Loyola, 2012, p. 121.

Adentrando os espaços de aprendizagem da coordenação pedagógica

Silvia Cristina Herculano[1]
silviaherculano@yahoo.com.br

Laurinda Ramalho de Almeida[2]
laurinda@pucsp.br

> De tudo, ficaram três coisas: a certeza de que ele estava sempre começando, a certeza de que era preciso continuar e a certeza de que seria interrompido antes de terminar. Fazer da interrupção um caminho novo. Fazer da queda um passo de dança, do medo uma escada, do sono uma ponte, da procura um encontro.
> (Fernando Sabino)

As palavras de Fernando Sabino são reveladoras da condição aprendente que rege o ser humano. Sob esse olhar, as vivências se constroem e desconstroem, fazem e desfazem, cessam e retomam; tratando do sujeito como aquele que se constitui a partir das interações alinhavadas com seu tempo, sua história, seu mundo.

Dessas interações, a escola se revela como um espaço em que se vivenciam as experiências construídas no coletivo, perfazendo uma

---

1. Mestre em Educação: Psicologia da Educação pela PUC-SP. Formadora de professores e coordenadores pedagógicos na Secretaria Municipal de Educação de São Paulo; autora da dissertação de mestrado em que este texto está fundamentado.
2. Professora Doutora do Programa de Estudos Pós-Graduados em Educação: Psicologia da Educação, vice-coordenadora do Programa de Mestrado Profissional em Educação: Formação de Formadores, ambos da PUC-SP, e orientadora da dissertação de mestrado em que este texto está fundamentado.

comunidade de aprendizagem. Escola esta que angaria contextos de trocas, contradições, disputas, parcerias e outras tantas características que compõem os territórios em que o indivíduo se faz presente.

A comunidade de aprendizagem toma forma com o entrelaçamento das diversas culturas, saberes, emoções e ações de todos os integrantes da escola, trazendo possibilidades integradoras entre os diferentes agentes e destes com os espaços escolares. Para além das relações e experiências dos bebês, crianças e adolescentes, os espaços escolares recebem a diversidade das pessoas que os integram: alunos, funcionários responsáveis pela limpeza, alimentação e segurança, famílias, comunidade do entorno, professores, diretores e coordenadores pedagógicos.

É deste chão que refletimos e buscamos aprofundar o olhar em relação à complexidade existente na dinâmica escolar, englobando todos os participantes da escola como agentes formativos e em formação.

Para tanto, debruçamo-nos sobre a figura do coordenador pedagógico que, numa relação complexa e articuladora, também pertence à dinâmica formativa da unidade escolar, disseminando, conscientemente ou não, suas concepções, ideias, práticas e sendo também influenciado pelas ações e reflexões com as quais mantém contato. Ou seja, vive constantemente trocas de experiências e aprendizagens que, arraigadas à sua prática, caracterizam um forte vínculo entre os aspectos pessoais e profissionais.

Diante dessas condições nas quais o contexto de aprendizagem, a influência do meio e as relações afetivas se tornam presentes na constituição do sujeito, é necessário compreender como as interações do coordenador pedagógico, nos diferentes espaços escolares, influenciam e constituem seu processo de aprendizagem como gestor, formador e articulador das mais diversas realidades presentes na escola. Processos de aprendizagens estes que precisam ser constantemente retomados, repensados e reorganizados, caracterizando um percurso reflexivo do profissional diante de sua condição educadora.

Em nossa percepção, o esforço na constituição dos espaços de atuação pelos coordenadores pedagógicos, por vezes, torna-se penoso pelas dificuldades em identificar as possibilidades de integração entre as diversas instâncias do meio escolar, suas influências e regulações, bem como a caracterização de ambientes de aprendizagem que favoreçam a compreensão do espaço como elemento constituidor da identidade e formação profissional de educadores.

Acreditamos que, quanto mais os espaços de interação forem apropriados pelo coordenador pedagógico, melhor será sua condição aprendente. Assim, o coordenador pedagógico iniciante, que ainda não entrou em contato com os diversos espaços de aprendizagem da coordenação, pode apresentar uma prática diferente da vivenciada por um coordenador pedagógico experiente, que já perpassou diferentes espaços de interação no contexto educacional.

Este artigo apresenta um recorte de pesquisa que trata da relevância dos espaços de aprendizagem do coordenador diante de sua prática, sendo discutida e repensada sob o prisma das interações escolares, em que procuramos sanar os seguintes questionamentos: como os contextos escolares influenciam a aprendizagem coordenadora e como o coordenador modifica/mantém tais contextos? Como o coordenador pedagógico tem seu papel de formador e em formação legitimados nos diferentes grupos (professores, alunos, gestão)? Quais espaços de interação são ou podem se tornar espaços de aprendizagem para o coordenador pedagógico?

Na busca por esclarecimentos diante das questões apresentadas, delineamos nossa pesquisa: *Investigar os espaços de aprendizagem do coordenador pedagógico nos diferentes contextos escolares, bem como analisar a percepção do coordenador pedagógico mediante as relações estabelecidas em seus diferentes espaços de aprendizagem.*

A pesquisa

Participaram da pesquisa (HERCULANO, 2016) três coordenadoras pedagógicas de escolas municipais de educação infantil da zona leste de São Paulo, previamente selecionadas de acordo com as seguintes características: coordenador pedagógico iniciante na função (1 a 24 meses de experiência); coordenador pedagógico com alguns anos de experiência (3 a 15 anos) e coordenador pedagógico no final de carreira (15 a 20 anos de experiência), identificadas, respectivamente, como CP1, CP2 e CP3.

O critério para a escolha das CPs visava identificar diferenças e similaridades entre os profissionais com pouca, média e maior experiência, possibilitando a análise das informações sob a condição das interações já realizadas pelas coordenadoras.

A coleta parcial de dados das coordenadoras pedagógicas se deu, em um primeiro momento, com aquela considerada inexperiente, ou seja, com pouco tempo na coordenação pedagógica, que aqui denominamos como CP1. Essa coordenadora possui uma característica peculiar, já que antes de assumir o cargo de coordenação pedagógica já fazia parte do corpo docente da escola, conhecendo os grupos (principalmente os do período em que lecionava) e estando presente nos diversos espaços. Assumiu o cargo por intermédio de eleição no conselho de escola, sendo designada para a atual função, diferentemente das outras coordenadoras, que ingressaram no cargo por concurso público.

A segunda entrevista foi realizada com a coordenadora considerada com maior experiência, que está próxima da aposentadoria e que aqui nomeamos como CP3. Com vasta experiência, já foi professora na Educação Infantil, no Ensino Fundamental e no Ensino Médio. Também exerceu a função de diretora e de supervisora, além de ter realizado serviços técnicos educacionais numa diretoria regional de educação de São Paulo.

A terceira entrevista foi realizada com a coordenadora que aqui identificamos como CP2, que já possui certa experiência na coordenação, tendo sido indicada por outra coordenadora para a participação na pesquisa.

As entrevistas tiveram como caráter uma condição dialógica, em que há um movimento em torno do entrevistado e de suas experiências, para o esclarecimento das informações apresentadas. Nesta condição, a entrevista se delineou por uma aproximação entre os contextos vivenciados pelo entrevistado e pesquisador, tratando de constituir uma perspectiva integrada, produzindo possibilidades de análise a partir de contextos comuns (SZYMANSKI, 2005).

No primeiro contato com as entrevistas disponibilizadas, foram identificadas as principais características, situações relevantes e pontos que chamavam a atenção presentes nas contribuições das entrevistadas, constituindo um ponto preliminar para a construção das categorias de análise.

No segundo momento, foram emergindo novas categorias e optamos por indicá-las, sem nos determos em condições particulares, por tratar-se ainda de uma análise inicial e cuja construção foi sendo realizada progressivamente.

Numa crescente complexidade, pensar o espaço da coordenação pedagógica numa perspectiva de aprendizagem do coordenador conduziu os processos reflexivos para elaborações mais densas e permeadas por nuances de cunho subjetivo. As categorias de análise foram, então, definidas.

Ao considerarmos o meio como elemento constituidor das aprendizagens do coordenador pedagógico, o referente teórico que subsidiou a pesquisa foi a psicogenética de Henri Wallon (1975, 1986a, 1986b).

Para Wallon "o meio começa por ser, para todos os seres vivos, um meio físico. Mas o que caracteriza a espécie humana é o fato de ela ter substituído ou sobreposto ao meio físico um meio social" (1975, p. 202-203), sendo caracterizado como condição permanente de desenvolvimento, já que, a partir das relações que se dão no meio social, o indivíduo interage e aprende. Assim, a constituição se dá na interação organismo-meio e, de acordo com a idade, as relações com o meio se modificam.

Wallon (1986b) entende a constituição do meio sob três aspectos: físico-químico, biológico e social. Essas condições do meio são vivenciadas pelo indivíduo ora de forma mais intensa, ora em proporções menores, mas caracterizam a relação contínua entre a pessoa e o que está à sua volta.

O meio físico-químico é considerado o meio de base, o primeiro com que a criança entra em contato, cuja característica é suprir as necessidades orgânicas (respiração e alimentação).

O meio biológico possibilita a coexistência de diversas espécies no mesmo ambiente, caracterizando o equilíbrio das limitações de espaços e a demarcação de territórios a partir das características de cada espécie.

Por fim, o meio social que complementa, mas também se sobrepõe aos meios físico-biológicos, qualifica a coexistência das espécies, em uma dinâmica interacional mais variável, perfazendo processos de aprendizagem por intermédio da convivência, da troca de experiências e da manutenção de práticas e ações já consolidadas: "O meio nada mais é que o conjunto mais ou menos durável de circunstâncias nas quais se desenvolvem as existências individuais" (WALLON, 1986b, p. 174).

Assim, além do espaço físico, há outros aspectos que constituem um meio. Para Wallon (1986b) há uma distinção entre meio e grupo, em que o último se materializa pela aproximação de interesses comuns, afinidades, regras: "Temporários ou duráveis, todos os grupos se atribuem objetivos determinados, dos quais depende sua composição" (ibid.).

O que os relatos revelaram

Nossa proposta inicial era analisar os espaços de aprendizagem no contexto da escola em que as coordenadoras pedagógicas atuam, possibilitando compreender como as relações com os diferentes espaços de interação são estabelecidas em uma perspectiva de aprendizagem. No entanto, os depoimentos nos forçaram a reavaliar essa proposta.

O olhar e a importância dada pelas coordenadoras aos espaços de interação vivenciados em outros momentos e locais apresentaram-se como importantes e recorrentes elementos na constituição e delineamento dos espaços de aprendizagem. Tanto a formação inicial, no magistério ou pedagogia, como a realização da prática docente e a própria ação coordenadora são subsídios que perfazem o discurso das três coordenadoras pedagógicas entrevistadas.

Nesse aspecto, a pesquisa convida a um exercício de pensar sobre a própria constituição formativa, trazendo elementos que não só potencializem as dificuldades do coordenador pedagógico, mas também evidenciem as múltiplas possibilidades diante das condições aprendentes a que está submetido.

As coordenadoras entendem ser a formação inicial, a prática docente e a experiência na coordenação elementos importantes na constituição de suas aprendizagens. Desta maneira, os seguintes espaços de aprendizagem foram delimitados para análise: *espaços de aprendizagem vivenciados no magistério e na pedagogia; espaços de aprendizagem em atividades docentes e espaços de aprendizagem na escola em que atuam.*

Nos espaços proporcionados pela ação das coordenadoras nas escolas em que atuam, a análise foi construída com base na situação de experiência de cada CP (iniciante, com experiência e no final da carreira).

Espaços de aprendizagem vivenciados no magistério e na pedagogia

As três coordenadoras entrevistadas tiveram como formação inicial o magistério; duas delas realizaram o curso profissionalizante no Cefam (Centro de Formação e Aperfeiçoamento do Magistério). Em suas narrativas, as coordenadoras deixam transparecer forte ligação afetiva com suas lembranças de formação docente e indicam que o objetivo do Cefam foi alcançado, proporcionando aprendizagens para a prática pedagógica e também para a ação coordenadora.

Nas entrevistas realizadas, a condição aprendente no magistério foi predominante, sendo esta etapa um importante momento formativo e constituidor de práticas na vida das coordenadoras pedagógicas, para além dos vivenciados nas unidades escolares em que exercem a coordenação. De modo especial, aquelas que vivenciaram sua formação para o magistério no já extinto Cefam trouxeram significativas lembranças diante das experiências realizadas.

> Quem fez Cefam [...] Eu creio assim, hoje, em comparação às faculdades... O que eu aprendi na pedagogia foi repetição, mas o que o Cefam me ensinou acho que nenhuma faculdade ensina, nenhuma... (CP1).

O Cefam foi um projeto delineado pela Coordenadoria do Ensino Regular de segundo grau do Ministério da Educação com a finalidade de apoiar pedagógica e financeiramente as unidades da Federação que manifestassem interesse em desenvolver ações na área do magistério. São Paulo aceitou a proposta e, em janeiro de 1988, criou 18 CEFAMs (ALMEIDA, 2015, p. 30). Esta condição possibilita compreender a formação para o magistério muito peculiar desta instituição: trabalho com projetos, estudo do meio, práticas, parceria com outras escolas, incentivo financeiro (bolsa de estudos), entre outros.

O curso, realizado em período integral, era dividido em duas partes: no período da manhã, as disciplinas versavam sobre os contextos do ensino médio comum; no período da tarde, era dada ênfase às disciplinas pedagógicas: Didática, Psicologia da Educação, Filosofia da Educação e Metodologias. No terceiro e quarto ano, realizava-se o estágio supervisionado.

Ainda sobre a organização escolar no magistério, o Cefam concentrava as disciplinas do ensino médio nos três primeiros anos do curso juntamente com o estágio de observação (ao final dos três primeiros anos, o aluno adquiria o certificado de conclusão do ensino médio e poderia optar pela continuidade do curso por mais um ano para obter o certificado do magistério), sendo o último ano destinado exclusivamente à formação pedagógica e ao estágio supervisionado de regência.

Entre os contextos informados pelas CPs, estão indicadas na tabela a seguir as principais aprendizagens adquiridas durante a formação inicial.

Espaços de aprendizagem	Aprendizagem
Espaços individuais/ privativos dos alunos(as)	– A possibilidade de utilizar armários privativos no Cefam constituiu o respeito à individualidade de cada um.
Espaços extraescolares	– Visitas a outras cidades, museus, teatros, universidades, promovidas pela Cefam, possibilitaram aprendizagens que valorizam a diversidade de culturas, vivências, costumes e condições do sujeito.

Relacionamento com professores e demais alunos(as)	– Empatia, colocar-se no lugar do outro, diálogo, convencimento angariados nas relações dos alunos e professores do Cefam.
Professor como mediador das aprendizagens	– Acompanhamento das necessidades e potencialidades dos sujeitos pertencentes aos contextos formativos; – Conscientização das responsabilidades de cada sujeito perante o grupo.
Grupos	– O pertencimento a determinado grupo durante o magistério favoreceu a consciência da importância deste nas diversas interações realizadas em diferentes grupos pelo CP.

Tabela 1: Espaços e aprendizagens realizadas na formação inicial.

Por se tratar de um curso integral, as coordenadoras que frequentaram o Cefam retomam, de suas lembranças, significativas relações com os espaços coletivos e particulares proporcionados pela escola. Um deles refere-se aos armários individuais para cada aluno e aluna, destinados à guarda dos pertences pessoais. Essa possibilidade é apresentada como muito significativa, trazendo a condição espacial como um contexto identitário, pois ter um espaço, por menor que fosse, constituía o olhar da escola para as necessidades dos alunos, um olhar sensível para a condição única e singular de cada sujeito. Assim, embora os espaços coletivos fossem importantes e muito utilizados, o cuidado com o lugar de cada um também era preservado.

Para além dos espaços internos, o Cefam tinha em seu projeto pedagógico a constituição de experiências por meio do contato com lugares e espaços que pudessem proporcionar aprendizagens vinculadas aos contextos do currículo, bem como de experiências voltadas para a prática pedagógica. Assim, eram promovidos encontros de alunos em cidades históricas, universidades, escolas modelos, museus, teatros, litoral etc.

A formação no Cefam se constitui muito forte e significativa, a ponto de uma das CPs considerar sua posição de pertencimento a um grupo, tanto ao de professora quanto ao de coordenadora pedagógica, relacionada às experiências vivenciadas em contextos anteriores à coordenação (ao magistério, no Cefam), em que atribui suas atuais competências às experiências já realizadas e compreende que essas interações potencializam a ação coordenadora, ou seja, suas ações têm caráter experiencial e estão dentro de uma dinâmica de formação.

A CP entende que uma das competências do coordenador pedagógico, construída no Cefam, é estabelecer relações afetivas, que proporcionem empatia, disponibilidade para ouvir e auxiliar o outro, colocar-se no lugar do outro, em uma atitude favorecedora de relações de troca, orientação e aprendizagem.

> Nossa, eu cresci muito dentro do Cefam, aprendi muito... E eu trago muito para a questão da coordenação, porque a coordenação é isso, né? Você mexe muito com o pessoal do outro, você tem de estar na posição do outro, se colocar... Empatia, né? Se colocar no lugar do outro, chegar de uma forma calma, serena e firme ao mesmo tempo, mas que você consiga trazer essa pessoa pra você, para que ela sinta segurança em você, para que ela... Ganhar! Você tem que ganhar essa pessoa... Então, essa questão do relacionamento, o coordenador tem que ter, ele tem que saber... E isso eu aprendi demais no Cefam (CP1).

Entre os espaços de aprendizagem ainda vivenciados pelas coordenadoras em sua formação inicial, são atribuídas ao Cefam as vivências significativas para o trabalho como educadora, sendo considerada a prática realizada nesta instituição como potencializadora de aprendizagens para os contextos educacionais. Um exemplo apresentado é a presença e acompanhamento dos professores como grande contribuição na formação dos futuros docentes. Essa condição é permeada de forma intensa no magistério e com pouca ênfase na graduação, denotando a preocupação do acompanhamento na formação para o magistério e um distanciamento na pedagogia.

> Acho que o Cefam... Eu não sei... Eles colocavam na gente essa questão do compromisso, né? Então a gente sabia que tinha que apresentar na data que eles marcaram, tinha que estar pronto,

não importa se você fosse ficar conversando, mas a gente sabia que uma hora a gente tinha que fazer e dar conta. Então essa liberdade era até boa. Eles vinham e "vocês estão fazendo?", "estão precisando de alguma ajuda?". Só que eles não ficavam ali, então quando a gente precisava a gente ia atrás deles, a gente sempre sabia que eles estavam lá na sala deles reunidos, mas a gente ficava com mais liberdade (CP1).

Embora não seja uma indagação direta na entrevista, as três coordenadoras comparam as aprendizagens constituídas no magistério e na pedagogia. Nesse paralelo, fica evidente que os contextos de aprendizagem vivenciados na pedagogia trouxeram muitos elementos já vivenciados pelas entrevistadas no magistério.

Acho que até mais aprofundado no Cefam do que na faculdade. E fora que a faculdade... Eu acho que a faculdade deixou muito a desejar na questão da prática. No Cefam, não... No Cefam você tinha estágio. Fora que as professoras de Didática, elas ensinavam... (CP2).

Em alguns relatos é identificada a falta de acompanhamento do professor como uma dificuldade vivenciada no contexto universitário, restando aos alunos se organizarem e buscarem em grupos as soluções para suas dificuldades ou necessidades.

Tal condição demonstra a ideia de que a formação universitária se volta para um aluno que não necessita do olhar apurado do sujeito mais experiente, sendo o conteúdo programático o direcionamento principal.

A faculdade, a gente tinha muito a questão do grupo, mas o conhecimento, éramos nós que o procurávamos, não tinha mais o acompanhamento dos professores como no magistério, e eu acho ruim porque a aprendizagem continua, nunca deixamos de ser aprendiz em assuntos novos (CP 3).

Parece-nos que a condição positiva vivenciada na graduação está relacionada à figura, conhecimento e prática do professor e não ao currículo ou metodologia adotada na universidade.

A Monica foi minha professora lá. Até quando eu a reencontrei na formação, fui falar com ela: "eu quis dar aula na educação infantil por sua causa". Porque a disciplina que ela dava na faculdade era educação infantil e eu a ouvia falar de educação infantil e eu... Nossa, chegava em casa contando para as minhas irmãs a aula, aquela coisa, toda entusiasmada. Então eu tive bons professores. A grande maioria foram bons professores (CP 2).

As afirmações sobre os contextos vivenciados no magistério e na pedagogia demonstram aspectos relevantes da formação inicial, bem como os aspectos que constituíram a identidade docente. Nesses relatos, as coordenadoras revelam a importância de um curso voltado para a prática escolar, que integrem efetivamente os contextos pertinentes à função docente e gestora.

Ao considerar as exigências acadêmicas e experiência profissional para o exercício da coordenação pedagógica, ou seja, formação inicial em nível superior (pedagogia, complementação pedagógica ou especialização com carga horária mínima), instaura-se o questionamento sobre a adequação do currículo para a certificação do coordenador pedagógico: os cursos têm oferecido formação adequada, que vislumbre as necessidades do CP, sua identidade profissional e seu saber-fazer na escola?

As respostas das entrevistadas trouxeram uma constituição formativa deficiente na pedagogia, o que talvez justifique a grande importância dada à formação realizada no magistério, de modo especial no Cefam, que realmente cumpria, aos olhos das coordenadoras, sua função de formação docente.

Via de regra, os contextos das universidades vêm promovendo a valorização dos aspectos cognitivos em detrimento dos afetivos, constituindo uma visão dualista do sujeito enquanto corpo/mente e afeto/cognição.

Para Wallon (2008), cuja teoria é eminentemente integradora, as dimensões cognitiva, afetiva e motora estão intimamente ligadas e imbricadas umas nas outras. Nessa condição, o currículo e demais aspectos que envolvem a pedagogia precisam ser retomados, levando em consideração as necessidades e experiências de seu público.

Espaços de aprendizagem vivenciados em atividades docentes

As coordenadoras pedagógicas entrevistadas apontam a experiência de professor como um grande foco de aprendizagem para a constituição do trabalho da coordenação. Tratam a questão docente como uma condição mais confortável no trabalho educativo do que o vivenciado no âmbito da coordenação pedagógica, já que a condição mais estreita com os (as) alunos (as) favorece a compreensão de suas necessidades e potencialidades.

Assim, os contextos anteriores à coordenação tornam-se espaços significativos de aprendizagem e tratam da constituição do indivíduo por diferentes meios aos quais se expõe, sendo passível de novas experiências, de acordo com sua história de vida, sua disponibilidade e acolhimento das vivências. Wallon (1975) trata da condição do indivíduo que se integra aos diferentes meios:

> O meio é um complemento indispensável ao ser vivo. Ele deverá corresponder a suas necessidades e as suas aptidões sensório-motoras e, depois, psicomotoras... Não é menos verdadeiro que a sociedade coloca o homem em presença de novos meios, novas necessidades e novos recursos que aumentam possibilidades de evolução e diferenciação individual. A constituição biológica da criança, ao nascer, não será a única lei de seu destino posterior. Seus efeitos podem ser amplamente transformados pelas circunstâncias de sua existência, da qual não se exclui sua possibilidade de escolha pessoal... Os meios em que vive a criança e aqueles com que ela sonha constituem a "forma" que amolda sua pessoa. Não se trata de uma marca aceita passivamente (Wallon, 1975, p. 164, 165, 167).

Em relação às aprendizagens vivenciadas na docência, as coordenadoras demonstram que a experiência adquirida torna-se um espaço de aprendizagem, já que suas ações vão sendo aprimoradas e consequentemente sentem-se seguras diante das relações estabelecidas com seus alunos, com outros professores e com os demais agentes educacionais.

Dos espaços de aprendizagem relatados pelas CPs, o que chama a atenção é a proximidade com os contextos escolares e pessoais que integram as relações com as crianças e adolescentes, bem como a parceria entre os professores, demonstrando que as relações afetivas, comunicativas e coletivas são fatores de grande aprendizagem para o coordenador pedagógico. Diante dessa consideração, segue a organização das experiências vivenciadas:

Espaços de Aprendizagem	Aprendizagem
Sala de aula	– Relacionamento com os alunos; – Proximidade com a história, necessidades e potencialidades dos alunos;
Regência compartilhada	– Parceria; – Trabalho coletivo;
Especificidades da educação infantil	– Experiências com ludicidade, corporeidade, movimentos; – Tempos e espaços.
Resolução de conflitos	– Auxílio aos professores na condução de situações de conflito já vivenciadas pelo CP quando professor.

Tabela 2: Espaços de aprendizagem indicados pelas coordenadoras pedagógicas enquanto docentes.

Também são priorizados como contextos de aprendizagem aqueles vivenciados dentro da sala de aula. Nesta condição, Wallon (1975) alerta que "a formação psicológica dos professores não pode ficar limitada aos livros. Deve ter uma referência perpétua nas experiências que eles próprios podem pessoalmente realizar" (1975, p. 366).

Segundo as coordenadoras, é na sala de aula, nesse ambiente de maior interlocução entre professores e alunos, que as relações são estabelecidas e o professor tem a oportunidade de conhecer as individualidades de seus alunos, transformando tais informações em instrumentos de articulação, conhecimento, avaliação e prática.

Outra proposta avaliada como espaço de aprendizagem diz respeito à regência compartilhada, em que professores cujo grupo de alunos é o mesmo trabalham juntos e trocam experiências, impressões e ideias sobre seus alunos. As CPs 1 e 2 trazem ainda a condição vivenciada na educação infantil da Prefeitura Municipal de São Paulo, em que a regência é compartilhada entre duas professoras, e constatam que essa parceria é um fator de aprendizagem para o trabalho coletivo.

> Quando estava em sala de aula, me sentia bem porque estava com os meus alunos, no meu lugar, no meu quadrado. Ali era o meu quadrado, os meus alunos, eu colocava em prática aquilo que eu achava interessante. E esses mesmos alunos também tinham outra professora e a gente podia trocar, compartilhar. Por vezes, eu até não concordava, mas a gente aprende a ouvir o outro (CP1).

A CP3, diferentemente das anteriores, não vivenciou a situação de docência compartilhada e evidencia a insegurança diante de decisões e práticas a serem realizadas na solidão, ainda em início de carreira.

> Eu tinha muita preocupação no começo, até medo, porque na verdade a gente não sabia o que ia pegar e não tinha ninguém para ajudar... (CP3).

As coordenadoras trazem ainda a condição integradora de experiências na coordenação pedagógica, o que não é vivenciado comumente na docência. Essa aprendizagem é caracterizada pelo trabalho do coordenador, já que sua função exige a ampla integração com todos os grupos pertencentes ao contexto escolar.

> Às vezes, eu penso em voltar para sala: "nossa, minha sala, sinto saudades, sinto falta... Mas eu vou deixar de aprender tanta coisa... Se eu voltar para a sala, vou deixar de aprender tanta coisa". Porque, querendo ou não, a sala limita a gente. Não sei se você tem esse sentimento, mas eu acho que a sala limita a gente. A gente acaba ficando ali, com um "cabresto na cara", a gente fica ali na rotina do dia e você para de olhar para o lado. Eu acho que depois que eu vim para a coordenação expandiu bastante (CP1).

Hoje, estando na coordenação mesmo, vi coisas que eu reclamava enquanto professora que hoje eu não reclamaria, porque eu não tinha visão do todo, eu tinha visão da minha sala de aula, do meu mundinho ali, né? (CP2).

As coordenadoras trazem ainda uma situação peculiar na educação infantil, referente à corporeidade, ao movimento como expressão cultural, de comunicação e de sentimentos. Para as entrevistadas, este é um espaço de aprendizagem para todos os educadores, pois possibilita o contato com a criança, explorando outras linguagens, outras interações, outros ambientes, tornando-se a possibilidade do encontro com a ludicidade, imaginação e movimento.

A experiência docente permite ao coordenador acolher alternativas na resolução de conflitos, já que, enquanto professor, vivenciou situações semelhantes às que os professores vivem. A experiência adquirida torna-se um espaço de aprendizagem, pois suas ações vão sendo aprimoradas e consequentemente ele se sente seguro diante das relações estabelecidas com os professores e com os demais agentes educacionais.

Espaços de aprendizagem vivenciados nas escolas em que atuam

Na ação coordenadora, as entrevistadas indicam diversos espaços de aprendizagem, demonstrando, assim, uma dinâmica de constituição identitária e formativa por meio da própria prática. As aprendizagens realizadas na atuação profissional possibilitam uma gama de conhecimentos adquiridos *in loco*, caracterizando a formação do CP como um processo que se realiza ao longo de toda a sua jornada.

Nesse contexto da prática coordenadora, optamos pela análise dos espaços de aprendizagem a partir do tempo/situação de experiência das coordenadoras pedagógicas, evidenciando as diferenças e similaridades diante das vivências realizadas e possibilitando compreender os espaços de aprendizagem a partir do olhar do CP iniciante, do CP com certa experiência e do CP com muita experiência, já no final da carreira.

Para tanto, na tabela a seguir, apresentamos os espaços indicados, bem como a atuação dos coordenadores pedagógicos de acordo com sua experiência:

Espaços de aprendizagem	Situação de experiência	Aprendizagem do CP
Grupos	CP iniciante	Interação com os diferentes grupos.
	CP com experiência	Interação com os diferentes grupos, levando em consideração as intervenções e articulações do CP.
	CP no final da carreira	Interação com os diferentes grupos, levando em consideração as intervenções e articulações do CP.
Parceria gestora	CP iniciante	Busca a parceria entre os gestores para se manter segura.
	CP com experiência	Dá grande importância à parceria, porém entende que este é um processo a ser construído entre os pares.
	CP no final da carreira	Parceria gestora em que reivindicações e opiniões do CP são acolhidas pelo diretor.
Espaço da coordenação pedagógica	CP iniciante	Espaço da coordenação como extensão do espaço dos professores.
	CP com experiência	Condição itinerante da CP incomoda, sentindo falta de momentos de concentração, estudo e atendimento a grupos distintos.
	CP no final da carreira	Espaço consolidado.
Formação continuada em órgãos centrais	CP iniciante	Formação continuada nas DOTs é insuficiente.
	CP com experiência	Formação continuada nas DOTs é insuficiente, porém reconhece a dificuldade no atendimento de toda a demanda; Momento de troca entre os pares.
	CP no final da carreira	Não trata da formação continuada em seus relatos.

Sala dos professores	CP iniciante	Espaço de Integração – possibilidade de escuta.
	CP com experiência	Espaço de Integração – Articulação dos grupos.
	CP no final da carreira	Espaço de Integração – Descontração e diálogo.

Tabela 3: Atuação do CP nos espaços de aprendizagem, de acordo com os contextos de experiência.

Na entrevista da coordenadora com pouca experiência (CP1), identificamos como fio condutor a interação realizada nos diferentes grupos e nos diferentes contextos. Tal interação é mencionada pela coordenadora em diversos momentos de sua vida, sendo revelada em suas palavras a importância do grupo para sua aprendizagem como aluna, como docente e como coordenadora pedagógica.

Esta situação de pertencimento ao grupo parece estar bem forte nas conexões realizadas pela coordenadora, e por vezes transparece certa contradição entre atender os interesses do grupo de professores e as necessidades gestoras. A CP relata situações em que se vê dividida entre atender os interesses de grupos distintos (professores e gestores, por exemplo).

> A Patrícia fala que eu sou muito pelas professoras e é verdade, tem horas que é mesmo. Tem horas que elas estão erradas e não tem que ser do jeito que elas querem, e eu tenho que ver isso, tenho que falar. E eu tenho que mudar o meu olhar... "Você não está mais lá, você está aqui agora." Então eu aprendo (CP1).

Dessa forma, há a impressão de que a coordenadora se apropria dos espaços por meio das condições que a mantêm segura, que são aquelas conquistadas enquanto docente e pertencente a determinado grupo.

As coordenadoras mais experientes (CP2, CP3) tratam a participação do grupo como aspecto relevante da aprendizagem da coordenação, porém entendem que os processos formativos do coordenador englobam outras possibilidades, trazendo a própria prática, ou seja, intervenções e articulações, como favorecedora das diversas interações possíveis. Também apresentam o enfrentamento como realidade no contexto escolar.

Sobre a relação com seus pares, ou seja, os gestores (diretor e assistente de direção), as CPs 1 e 2 transmitem a ideia de parceria gestora como condição para o trabalho e afirmam ser este um desafio nas instituições de ensino, que se aprende no "estar junto", nos avanços e retrocessos, no ato de reivindicar ou abrir mão de determinadas questões. Ainda a CP2, que já possui certo tempo na coordenação, evidencia as dificuldades em relação a seus pares gestores, identificando a falta de diálogo e espírito de equipe.

Já a CP3, com muita experiência, se vê contemplada em sua função de coordenadora pedagógica, pois tem suas reivindicações e/ou opiniões acolhidas pelo diretor. Portanto, a relação harmoniosa se concentra em contextos individuais e não entre a equipe gestora.

Em relação à atuação da coordenação na sala dos professores, as três coordenadoras informaram que ocupam esse espaço de maneira intensa. Seja para as refeições, seja para as atividades particulares e coletivas, seja para a formação, compartilhamento de informações e recados ou simplesmente para ouvir e participar de conversas descompromissadas. Para elas, a sala dos professores é um espaço integrador, que constitui possibilidades de escuta, troca de experiências, angústia e sentimentos.

Pelas narrativas das coordenadoras, a sala dos professores é um espaço bem demarcado da ocupação destes profissionais, o que não podemos constatar em relação ao espaço destinado à coordenação pedagógica. Das três entrevistadas, somente a coordenadora com grande experiência tem seu espaço de organização, estudo e atendimento aos diversos grupos consolidado. As demais coordenadoras ainda vivenciam processos de instituição deste espaço.

> Ah, eu sinto dificuldade porque, tudo bem, momento de formação eu já estou lá, é mais prático, mas eu não faço só formação na vida. As atividades que eu tenho que pensar, que eu tenho que me concentrar... Ah, vou elaborar um PEA, por exemplo, tenho que fazer na minha casa, não consigo pensar com as professoras

conversando lá, né? E é um momento que elas saem da sala de aula, que elas querem falar, querem trocar, desabafar... Então é um momento em que elas conversam, reclamam, reclamam, reclamam, reclamam o tempo todo. E eu lá, ouvindo reclamação da hora que eu entro até a hora que eu vou embora. Eu não tenho um espaço para atender um pai. Se algum pai chega para eu atender, tenho que pedir licença para a assistente para atender lá com ela, porque na minha sala... Na minha sala? Eu não tenho sala... (CP2).

Por fim, as coordenadoras tratam da condição formativa por intermédio de órgãos centrais e, embora compreendam esse espaço como de troca de experiências, aprendizagens e contextos, indicam a escassez de momentos formativos. Porém, verifica-se esse momento como muito rico, já que permite a integração e troca de informações entre os coordenadores pedagógicos.

Tais afirmações revelam a necessidade de retomada das formações realizadas em rede, tendo a considerar a construção de conhecimentos teóricos e experienciais, as necessidades, as angústias e os saberes do coordenador pedagógico, bem como a articulação das diversas instâncias que compõem a estrutura organizacional do sistema educacional.

Considerações finais

A pesquisa aqui relatada se delineou a partir da experiência na coordenação pedagógica, bem como dos processos formativos realizados no contexto acadêmico. Nesse percurso, vivenciamos as angústias, dúvidas e necessidades do cargo atrelado às pesquisas, estudos, leituras e discussões sobre as múltiplas interações vivenciadas no contexto escolar.

As dificuldades da coordenação pedagógica não impediram vislumbrar possibilidades de experiências significativas, contextos de aprendizagens e olhares compromissados com a educação, de modo especial as múltiplas experiências vivenciadas no território educativo, naqueles destinados à interlocução com bebês e crianças, cujos espaços de aprendizagem também são vivenciados intensamente com o corpo, com o movimento, com cores, com cheiros, com choros, com olhares e com afagos.

Com base nos dados obtidos, foi possível inferir que os conhecimentos necessários ao trabalho da coordenação pedagógica perpassam os diferentes espaços escolares, trazendo possibilidades de aprendizagem na formação inicial e na formação continuada, dentro da função docente e/ou da coordenação.

Em referência à formação no magistério, consideram as entrevistadas que o curso atendeu o objetivo proposto, que tratava da formação docente. Para além da formação, as relações foram sendo construídas sob uma forte condição afetiva entre alunos e professores, caracterizando um espaço de relações significativas.

No que tange à pedagogia, cujo objetivo é a formação do pedagogo em suas diferentes vertentes, a pesquisa revela que o curso apresenta deficiências em relação à formação do coordenador pedagógico, principalmente nos aspectos relacionados à integração teoria-prática, sendo este, segundo as coordenadoras, elemento fundamental na constituição de uma práxis reflexiva.

Essa condição salienta a importância da retomada do currículo desenvolvido na formação inicial de coordenadores pedagógicos, possibilitando avaliar e redirecionar o percurso acadêmico, na busca por afinidades entre os contextos formativos e a atuação profissional do CP.

Outro dado que a pesquisa revelou é que, para exercer sua condição de formador de professores, o coordenador busca, em experiências anteriores, elementos que possam auxiliar na construção dos conhecimentos e nas relações interpessoais. Assim, o coordenador inexperiente conduz sua prática com base em sua experiência como professor, já que não possui experiência, ou possui pouca, como coordenador. Já os coordenadores com alguma ou muita experiência trazem de seu repertório na coordenação elementos que favoreçam sua prática.

Os dados revelam ainda que a atuação e aprendizagem do coordenador não estão relacionadas somente com a formação, mas também, pela experiência, com o cotidiano e com as interações realizadas com os diversos atores pertencentes à escola. Entendemos ser este um caminho que não deve ser percorrido individualmente, mas em um processo coletivo de aperfeiçoamento, que se envereda por todo o período da coordenação pedagógica.

Dessa forma, a experiência no cargo influencia a ação coordenadora, porém entendemos que é preciso considerar a diferença entre experiência enquanto passagem de tempo e experiência como instrumento de reflexão e avaliação. No primeiro caso, a passagem de tempo tratada como acúmulo de horas, meses ou anos não garante a internalização das vivências como processo de aprendizagem; o que pode ter outra conotação quando consideramos a condição da segunda situação, em que o olhar se volta para uma constante retomada dos aspectos vivenciados, levando-se em consideração tempos, espaços, sujeitos, concepções, retomadas e mudança de atitudes.

Tais processos reflexivos são constituintes da identidade do coordenador pedagógico, que se constrói em diferentes espaços e contextos, caracterizando seu saber-fazer e lhe proporcionando uma postura de par avançado, que pode angariar elementos e recursos no auxílio ao professor, ao aluno, às famílias e à gestão.

Resta saber se estas articulações são refletidas e pensadas em um contexto de formação continuada para o coordenador, ou seja, em que medida sua atuação nos diversos espaços também favorece suas aprendizagens, em uma perspectiva experiencial que já apresentamos e cuja efetivação se dá na inserção e participação do CP nos distintos agrupamentos com práticas reflexivas voltadas para a síntese, interações, ponderações e articulações necessárias na composição de saberes.

Da pesquisa também emergiu a composição da rotina do coordenador pedagógico, que se constitui como um emaranhado de funções pouco definidas, com um caráter articulador ou reparador, percorrendo desde trabalhos burocráticos, relação com as famílias, gerenciamento, até a formação de professores e demais funcionários, participação nos colegiados etc. Esta realidade, segundo as coordenadoras, pode conduzir a experiências negativas e/ou positivas, mas que não deixam de ter um caráter de aprendizagem.

Os espaços de aprendizagem do coordenador pedagógico delimitados na pesquisa vislumbram possibilidades de consciência, articulação e organização dos múltiplos territórios de conhecimento, trazendo o coordenador ao encontro de escolha, aprimoramento, constituição identitária e experiência.

Tal constatação nos direciona para uma condição otimista das interações vivenciadas na escola, tratando de sucessos e frustrações como elementos potencializadores de aprendizagens. Saber lidar com essa rotina desafiadora, buscando equilíbrio e relações mais proveitosas, é algo que se espera do coordenador pedagógico.

Diante das considerações aqui realizadas, entendemos ser de suma importância o olhar atento para as aprendizagens realizadas pelo coordenador pedagógico nos diferentes espaços de aprendizagem, caracterizando o exercício reflexivo das interações vividas como um instrumento na consolidação de práticas significativas da ação coordenadora.

Referências

ALMEIDA, L. R. A coordenação pedagógica no estado de São Paulo nas memórias dos que participaram de sua história. In: ALMEIDA, L. R; PLACCO, V. M. N. S. (org.). *O coordenador pedagógico e o atendimento à diversidade*. São Paulo: Loyola, ³2015.

HERCULANO, S. C. *Adentrando os espaços de aprendizagem da coordenação pedagógica*: um estudo na perspectiva na psicogenética walloniana. Dissertação de mestrado, São Paulo: PUC/SP, 2016.

SABINO, F. *O encontro marcado*. Rio de Janeiro: Record, ⁶⁷1998.

SZYMANSKI, H; ALMEIDA, L. R.; PRANDINI, R. C. A. *A entrevista na pesquisa em educação*: a prática reflexiva. Brasília: Liber Livros, ³2005.

WALLON, H. O papel do outro na consciência do eu. In: WEREBE, M. J. G.; NADEL-BRULFERT, J. *Henri Wallon*. São Paulo: Ática, 1986a, 158-167. Trabalho original publicado em 1959.

_____. Os meios, os grupos e a psicogênese da criança. In: WEREBE, M. J. G.; e NADEL-BRULFERT, J. *Henri Wallon*. São Paulo: Ática, 1986b, 168-178. Trabalho original publicado em 1959.

_____. A psicologia genética. In: WALLON, H. *Psicologia e educação da infância*. Trad. Ana Rabaça. Lisboa: Estampa, 1975.

_____. *Do ato ao pensamento*: ensaio de psicologia comparada. Trad. Gentil Avelino Titton. Petrópolis: Vozes, 2008. Trabalho original publicado em 1942.

Movimentos constitutivos da coletividade na escola: uma análise da perspectiva da psicologia histórico-cultural

Lilian Aparecida Cruz Dugnani[1]
lac.dugnani@hotmail.com

Vera Lucia Trevisan de Souza[2]
vera.trevisan@uol.com.br

Introdução

Segundo o relatório da Unesco (2014, p. 3), "um terço das crianças em idade de cursar a educação primária não está aprendendo o básico, estejam ou não na escola". Dados do Indicador de Alfabetismo Funcional (Inaf) 2011-2012 revelam que, no Brasil, somente 5% das crianças que concluíram o Ensino Fundamental I e 15% das crianças que concluíram o Ensino Fundamental II alcançaram a alfabetização plena esperada para esse nível de educação. O Inaf 2011 aponta que apenas 9,3% dos alunos do Ensino Médio aprenderam o que era esperado em Matemática, e 27,2% o que era previsto para Língua Portuguesa, o que acaba por resultar na limitação da "inserção plena para a maioria da população no mundo dos letrados e direito de todos os cidadãos" (Inaf 2011-2012, p. 7).

Nesses momentos, as tensões, que se originam na multiplicidade de interesses e objetivos dos diversos grupos que constituem

---

1. Psicóloga Escolar. Doutora e mestre pelo pograma de pós-graduação *stricto sensu* em Psicologia da Pontifícia Universidade Católica de Campinas.
2. Professora e coordenadora do programa de pós-graduação *stricto sensu* em Psicologia da Pontifícia Universidade Católica de Campinas.

a escola, parecem cessar o investimento dos gestores em práticas que poderiam favorecer a construção da coletividade.

Estes resultados sinalizam a necessidade urgente da transformação na qualidade da educação pública no país. Interessa-nos destacar aquelas que se referem às possíveis contribuições do psicólogo e da gestão escolar nesse processo, objeto do estudo apresentado neste capítulo[3].

Compreende-se por equipe gestora o diretor, vice-diretores e coordenadores pedagógicos, embora se reconheça que muitas vezes as condições de trabalho do coordenador pedagógico não lhe permitam se identificar com os demais gestores, sobretudo pela falta da construção de espaços que priorizem o planejamento de ações deste grupo na escola (DUGNANI & SOUZA, 2011).

A meta 19, do Plano Nacional de Educação 2014-2024, redigida por Vidal e Lerche (2014), que trata do papel da gestão na construção do coletivo na escola como forma de promover mudanças na qualidade do ensino ofertado, destaca a importância da construção de um coletivo que se torne autor das formas de gestão e construção de conhecimento nas unidades escolares, o que implica o desenvolvimento da autonomia dos atores que constituem a escola; proposta da qual compartilhamos.

Contudo o projeto da gestão escolar democrática é previsto desde a Constituição Federal de 1988, e, a despeito dos 27 anos de sua existência, como destacam diversos autores, não tem se configurado como uma realidade para a maioria das escolas brasileiras (PARO, 1987; LUCK, 2000; LIBÂNEO, 2007, 2012; MARQUES, 2014).

Tal afirmação, recorrente na literatura especializada e vivenciada por nós, do grupo Processos de Constituição do Sujeito em Práticas Educativas, coordenado pela professora Doutora Vera Lucia Trevisan de Souza, em mais de oito anos realizando trabalhos de intervenções e pesquisas em diversas escolas públicas municipais e

---

3. Este capítulo apresenta o recorte dos resultados de uma pesquisa de doutorado intitulada: *Psicologia escolar e as práticas de gestão na escola*: um estudo sobre os processos de mudança mediados pela vontade (DUGNANI, 2016), que contou com o financiamento do CNPq.

estaduais no Estado de São Paulo, nos levou aos seguintes questionamentos: de quais ações os gestores poderiam lançar mão para instituir o coletivo como modo de funcionamento das relações na escola? Que ações são essas empreendidas pela escola que não conduzem aos resultados esperados? É possível transformar uma realidade tão adversa como a descrita acima? É possível superar os parcos resultados demonstrados até aqui sem uma grande reforma da política educacional?

Entre os atores escolares, parece-nos que os que ocupam os cargos de gestão exercem um papel crucial nos modos como as propostas são significadas e apropriadas na escola. Destaca-se o coordenador pedagógico, a quem tem sido atribuída a função de articular os diversos projetos oficiais com as propostas gestadas na escola, visando formar continuamente os professores para transformar o cotidiano escolar (DUGNANI & SOUZA, 2011; PLACCO, ALMEIDA & SOUZA, 2011).

Ocorre que a escola se caracteriza como um espaço coletivo, em que as diferentes funções estão intrinsecamente ligadas, o que implica dizer que há motivos, interesses e objetivos paradoxais e contraditórios entre os diversos grupos que constituem o espaço escolar, e é a capacidade da gestão de orquestrar essa complexidade que se configura como um dos fatores que podem favorecer, ou não, a objetivação das mudanças.

O papel dos gestores escolares na construção da coletividade

Souza (2009), em uma pesquisa com vistas a desvelar as imagens da docência, revela que, para os professores, uma das figuras que retratam a docência é a de um barco em que cada um rema em uma direção e que não sai do lugar. De nossa perspectiva, os gestores são os profissionais a quem se atribui o papel de capitão desse barco, visto que é ele quem deve dar a direção e criar ações necessárias para que essas sejam seguidas.

Essa direção emana do coletivo e é construída de modo dialógico, compartilhada e assumida como compromisso por todos. Mas também é ao gestor que cabe, quando as primeiras tormentas aparecem, relembrar "a todos os embarcados" da direção que escolheram e mantê-los firmes nesse caminho. Um barco que muda de direção a depender das intempéries do tempo, não chega a lugar nenhum.

Placco, Almeida & Souza (2011) já destacavam a importância de se considerar as relações interpessoais entre os diversos atores escolares como material formativo que poderá promover o desenvolvimento de professores. Para tal, é preciso que se levem em conta a multiplicidade e a diversidade das pessoas que constituem o universo escolar.

Hannah Arendt (1958; 2010) declara que uma das condições humanas é a pluralidade: se por um lado somos todos humanos, por outro, o somos, por sermos seres singulares, capazes de atuar de diversos modos dentro de uma situação.

E é essa pluralidade, vista em nossos estudos, que se constitui como o principal impeditivo da constituição do coletivo na escola, sustentado, sobretudo, pela representação de harmonia e consenso que devem permear as relações para que um grupo opere como tal (PETRONI & SOUZA, 2010).

Desse modo, nas situações em que há impasses, discordâncias, ou em que a decisão não é unânime, o que normalmente se vê é a cisão do grupo. Cisão que acaba por constituir relações cada vez mais individualizadas e individualizantes no contexto escolar e que é produzida e reproduzida por gestores, alunos, professores, pais e profissionais da Secretaria da Educação (DUGNANI & SOUZA, 2011).

Mas, se o coletivo não é harmonia, tampouco homogenia, como ele se constitui? Como lidar com as diferenças, com as contrariedades, com as animosidades que parecem fazer parte de qualquer grupo?

Ao concebermos que os grupos que constituem o universo escolar não são *a priori* coletivos, mas que a coletividade é o nível mais alto do desenvolvimento de uma equipe, na medida em que rompe com a dicotomia "eles e eu", "nós e outros", ressalta-se a importância de a gestão considerar a construção do coletivo como um de seus papéis fundamentais. Em espaços em que a coletividade está desenvolvida, as tarefas, os desafios, os avanços e os retrocessos são partilhados e compartilhados pelo grupo, o que confere a um só tempo a todos e a cada um a capacidade de continuar persistindo rumo ao objetivo do coletivo. Nas palavras de Petrovski (1984):

> O fator que transforma um grupo em coletividade é a atividade conjunta de seus membros, uma atividade socialmente significativa e que responda tanto as demandas da sociedade, quanto os interesses da personalidade. Precisamente, a realização de uma atividade conjunta valiosa permite que se estabeleçam interpelações coletivistas e que superem as contradições entre o individual e o grupal. No curso dessa atividade, surgem fenômenos especiais dos vínculos interpessoais que não podem ser observados em outras condições, coloca-se de manifesto o espírito coletivo, o coletivismo como qualidade peculiar do desenvolvimento do grupo. É a coletividade que encarna esta dependência da personalidade com respeito à sociedade e na qual se torna livre (p. 8 e 9).

Desse modo, o grupo de trabalho da escola deve estar orientado para a objetivação do processo de ensino-aprendizagem. Ocorre que, nesse processo, concorrem tensões, contradições, momentos afetivamente negativos e positivos. O professor que deve ensinar nem sempre encontra o aluno que quer aprender, o gestor que deve avançar na construção do coletivo nem sempre encontra uma equipe que estará disposta a colaborar com suas intenções. Nesse momento, a construção do coletivo parece se encontrar em um beco sem saída, em que, a depender da vontade do outro, torna-se impossível avançar na direção desse coletivo.

É nesse momento que o conhecimento sobre as bases afetivas da personalidade ganha destaque, visto que é preciso investir em espaços que permitam ao sujeito não só refletir sobre suas ações, mas encontrar seu lugar no grupo, ao mesmo tempo em que desvela esse grupo para si. A coletividade só pode ser construída a partir da tomada de consciência de cada um a respeito de seu papel no grupo e, ao mesmo tempo, do grupo sobre a importância de cada um na obtenção das finalidades que assumiu para si. Nas palavras de Petrovski (1984):

[...] a conduta do homem na coletividade está determinada pelas suas atitudes conscientes com respeito a cada um dos integrantes da mesma. Como conhece muito bem, a coletividade em seu conjunto e a muitos de seus integrantes, o indivíduo age de modo consciente e seletivo a opinião de cada um, guiando-se pelas atitudes e valorizações que tem se formado na atividade em conjunto, pelos valores que são aceitos e avaliados por todos (p. 27).

Dessa citação depreende-se a função precípua da gestão na construção da coletividade: criar espaços para que o grupo possa se conhecer e tomar consciência de seus valores, de modo que 'combinados' sejam reconhecidos, a um só tempo, pelo grupo e por cada um deles para, a partir daí, determinar os modos de conduta que a gestão espera que sejam fortalecidos. Nesse sentido, espaços de reflexões em que se volte às questões básicas, tais como: O que esperamos de nosso professor? O que esperamos de nossos alunos? Como promoveremos o ensino?, são de fundamental importância para que a coletividade possa ser construída. Nessa tarefa, reconhecemos o valor da ajuda de diversos profissionais — sobretudo do psicólogo escolar, uma vez que esse profissional que, reconhecidamente, trata do desenvolvimento e das inter-relações humanas é, a nosso ver, muito importante, principalmente para auxiliar os gestores a enfrentar e superar as animosidades que, muitas vezes, surgem nesses tipos de encontro.

A falta de conhecimento sobre as normas e valores que regem o grupo é o que em geral leva os sujeitos a condutas individualistas, na medida em que suas ações passam a ser sustentadas apenas pelo lugar que ele mesmo elege para si. A coletividade não pressupõe apenas as normas de condutas éticas; mas é nela que também são definidas as metas e tarefas assumidas pelo grupo na atividade em conjunto (Petrovski, 1984).

Compreendida desse modo, a construção do coletivo na escola permitirá que ela se volte para seu alvo mais importante: o aluno, uma vez que é para o aluno que a escola existe, é em seu desenvolvimento que todas as ações devem estar focadas.

Para que as propostas da gestão sejam aceitas e validadas pelo grupo, é preciso que esse assuma uma postura de condutor. Nessas ocasiões, o poder conferido pelo cargo aos gestores pode assumir um duplo sentido, tanto o daquele que fornece diretrizes ao grupo como o daquele que tenta se impor pelo autoritarismo e ao qual o grupo normalmente resistirá.

É promovendo espaços em que os professores possam ser ouvidos sem ser julgados, em que os erros não sejam vistos como fracassos, mas como tentativas que precisam ser aprimoradas, mediadas pelo respeito, e que também sejam cobrados implicação, responsabilidade e envolvimento com a tarefa, que o gestor será capaz de construir a coletividade no grupo. Ao contrário disso, atitudes de complacência, negligência ou omissão são muitas vezes vistas como injustas pela própria equipe de professores, ocasionando rupturas no coletivo e promovendo ações individualizantes (FREIRE, 2008).

Ser gestor não é ser bonzinho, tampouco o carrasco. É conduzir o grupo rumo à superação de seus desafios, para que todos possam se reconhecer como profissionais capazes de cumprir a tarefa com a qual se comprometeram, a do ensino. Na construção desse espaço ocorrem conflitos, divergências, animosidades, mas também existem apoios, tomadas de consciência e parcerias.

A constituição da coletividade perpassa pela quebra de resistências, que só ocorre com o favorecimento dos diálogos como modo de promover ressignificações do vivido, possibilitando aos sujeitos sentir-se confortáveis e seguros para se narrarem, se revelarem, sem se sentirem ameaçados.

Os quatro anos de intervenção com uma mesma equipe gestora nos permitiram identificar uma característica no modo de funcionar dos gestores escolares que oscila entre reconhecerem os desafios que se impõem à transformação da realidade escolar e que emanam das relações estabelecidas entre os diversos agentes da escola, e se mobilizarem para superá-los, a que denominamos *enfrentamento dos conflitos*, e a mobilização para negar os conflitos e seguir adiante, o que chamamos de *desviar o olhar*.

Enfrentar conflitos e desviar o olhar são movimentos permanentes, tensionados e contraditórios em que vários modos de agir e pensar dos gestores revelam-se; entre esses, os momentos em que a mudança aparece como possibilidade ou potencial de transformação da realidade e aqueles em que ela se configura como ameaçadora, devendo portanto ser combatida.

No enfrentamento de conflitos estão as situações que levam os sujeitos à reconfiguração de significados e à atribuição de novos sentidos que sustentarão o investimento nas mudanças das relações escolares, superando os momentos de imobilismo e fuga.

Isso porque os modos de funcionar dos gestores escolares são constituídos dos sentidos e significados atribuídos às relações que estabelecem com os diversos atores escolares e que, portanto, circulam e são apropriados entre os demais integrantes da escola, determinando os movimentos de conservação e transformação das suas condições concretas de trabalho.

O método

A pesquisa foi desenvolvida nos moldes de pesquisa-intervenção, tendo como referencial teórico-epistemológico os pressupostos da Psicologia Histórico-Cultural.

Foram realizados 128 encontros com a equipe gestora em um período de quatro anos. Em comum, os encontros realizados têm a estrutura: eles ocorriam por um período aproximado de duas horas, com atividades previamente planejadas em parceria com as pesquisadoras e a orientadora das pesquisas vinculadas a essa ação. Destaca-se o fato de que, em todas as propostas de intervenções, levávamos materialidades mediadoras, tais como: músicas, textos literários, poesias, imagens, videoclipes e videoarte, de modo que pudessem suscitar discussões sobre as demandas apresentadas pelos sujeitos e vividas cotidianamente no contexto escolar.

Participantes

Foram participantes desse estudo um diretor, a quem atribuímos o nome fictício de Adoniran, um vice-diretor, identificado como Manoel, e dois coordenadores pedagógicos: Camille e Leonardo.

Neste capítulo, evidencia-se um dos movimentos que se configuram como promotores/não promotores da constituição da coletividade na escola.

Crença no potencial do outro x idealização do outro

> Mire veja: o mais importante e bonito, do mundo, é isto: que as pessoas não estão sempre iguais, ainda não foram terminadas — mas que elas vão sempre mudando.
>
> Guimarães Rosa

Almeida & Placco (2004) chamam a atenção para a importância de compreender as relações pedagógicas e interpessoais como, a um só tempo, constituintes e constituidoras umas das outras, configurando-se como unidade. E parecem estar imbuídas dessa lógica as falas dos coordenadores pedagógicos abaixo:

> Os professores não sabem o poder que têm, que eles poderiam se dar bem com os alunos, mas eles [os professores] entram em disputa de poder e acabam se valendo da autoridade para colocar os alunos para fora (fala de Leonardo, orientador pedagógico, referindo-se às constantes queixas de indisciplina dos professores ao analisar de que modo estes lidam com as dificuldades – trecho da síntese de 30 de abril de 2010).
>
> Camille diz que percebe a falta de afeto dos professores com os alunos, diz que os professores não resolvem conflitos em sala de aula e que há dias que tem quase uma turma inteira fora de sala (trecho da síntese de 30 de abril de 2010).

Ao aproximarmo-nos das falas de Leonardo e Camille, notamos que eles assumem um posicionamento questionador em relação ao seu cotidiano, e é essa posição que, a nosso ver, torna possível a busca por explicações que podem desnaturalizar práticas que se perpetuam na escola, como colocar o aluno fora da sala de aula, chamar um gestor para resolver um problema, ou mesmo os pais dos alunos para queixar-se e pedir providências em relação a questões que envolvem a escola. Parece-nos que esse é o movimento empreendido por Leonardo e Camille, no qual o primeiro acha explicação no desconhecimento do professor, e a segunda, na falta de afeto.

O contato cotidiano dos gestores com os alunos fora da sala de aula e o compartilhamento da ideia pela equipe de que esta não era uma conduta aceitável na proporção em que vinha ocorrendo foram afetando-os gradativamente e transformando-se em incômodo. Incômodo que os fez vivenciar, além da busca de explicações, sentimentos contraditórios que foram a base de sua escolha para agir com o intuito de intervir com vistas a transformar a realidade.

> Leonardo e Manoel dizem que esse é o trabalho [o de ensinar o professor a se relacionar com o aluno] e que tem dias que têm vontade de largar tudo [diante da resistência constante dos professores] (trecho da síntese de 30 de abril encontro de 2010).
> Manoel disse que a função deles dentro da escola é ingrata, porque sofrem pressões de todos os lados e não têm como garantir que os conflitos existentes sejam resolvidos e que os sujeitos nem sempre ouvem o que eles têm a falar (trecho da síntese de 31 de maio de 2010).
> Leonardo diz achar ser indignação mesmo [referindo-se ao sentido atribuído às constantes resistências dos professores às propostas da gestão]. Manoel concorda, diz que se indigna, pois, embora entenda que o grupo [de professoras] talvez não saiba fazer de outra forma, acredita que eles podem fazê-lo (trecho da síntese de 4 de setembro de 2010).

Nota-se claramente, nos excertos acima, o movimento de tensão entre o singular e o coletivo. No primeiro prevalece uma dimensão mais subjetiva, expressa pela indignação que os leva a agir e a acreditar na capacidade de os professores fazerem diferente, assim como pelo cansaço e desânimo de investir em algo que parece não se transformar, revelado pelo desejo de largar tudo. O segundo envolve uma dimensão mais social, caracterizada pelo que se espera da escola, deles e dos professores, que é educar os alunos, o que parece ter sido apropriado e internalizado pelos gestores.

Ao considerarmos, a partir de Vigotski (1931; 1997a), que as emoções e sentimentos estão na base da constituição dos motivos, podemos depreender que deparar com alunos fora da sala de aula e as constantes queixas de indisciplina dos professores foram as molas propulsoras da constituição de diversos motivos contraditórios que passariam a concorrer entre si na relação com o conflito. Os motivos que sustentam o desejo de largar tudo, ocasionado pela não mudança dos modos de relação dos professores, passam a concorrer com a urgência de intervir nessa situação, apesar do cansaço, resultando no planejamento e execução de ações da equipe gestora direcionadas aos professores.

> Iniciamos o encontro com Camille lendo o documento produzido pelos professores nas reuniões que foram marcadas para os sábados, dias 21 e 28 de agosto, para reposição de aulas. Essas reuniões foram planejadas pela equipe gestora para se discutir, no âmbito pedagógico, quais ações poderiam ser tomadas para tentar atenuar o problema de indisciplina dos sextos anos, queixa recorrente dos professores. Para tal, a equipe criou uma planilha em que os professores deveriam apontar as causas e as possíveis soluções do problema, e dela derivaria o planejamento de ações (trecho da síntese de 30 de agosto de 2010).
> Leonardo diz que alguns professores têm clareza do trabalho da equipe gestora e cita alguns exemplos. Diz também que alguns professores se envolvem em várias atividades extraclasses [propostas e/ou apoiadas pela gestão]. [...] ressalta que o conselho está causando muito melindre [nos professores], pela inserção do aluno [nestes espaços] (trecho da síntese de 4 de setembro de 2010, em que os gestores comentam como os professores têm lidado com a proposta que se originou na gestão, a partir do que estabelece a legislação, de inserir dos alunos no conselho de classe).

As falas acima revelam diversos investimentos dos gestores em ações que imprimam movimento ao que está instituído na escola; entre elas, destacam-se a marcação de reuniões com os professores para discutir possíveis soluções ao problema da indisciplina, a inserção dos alunos nos conselhos de classe da escola e a proposta de atividades extraclasse. Nesses momentos, ao que nos parece, prevalece no grupo de gestores o reconhecimento do professor como alguém capaz de construir modos mais criativos de se relacionar com os alunos, ao mesmo tempo em que se reconhecem como capazes de transformar as relações com os professores, levando-os à escolha consciente de promover mudanças em sua realidade concreta. Mas por que isso acontece? O que estaria na base da escolha de mais um investimento em ações favorecedoras de mudanças nos modos de se relacionar dos professores com os alunos na escola e na melhoria da qualidade de ensino?

Como já ressalta Vigotski (1934; 1997b), as relações mediadas pela potência, e não pela falta, tendem a favorecer o desenvolvimento das funções psicológicas superiores, sobretudo pela forma coletiva de colaboração que pode promover modos individuais também colaborativos de agir no grupo. Desse modo, ao reconhecer a potência do professor, os sentimentos que estão na base da constituição dos motivos que orientarão as ações conscientes dos gestores são a generosidade, o respeito e colaboração, o que faz que os gestores ajam.

A crença no potencial do outro e de si próprio é a base para a construção do coletivo na escola, na medida em que permite que se construa a visão de "nós", que permitirá, segundo Placco & Souza (2010), a inserção de todos. Portanto, é preciso que a gestão também se reconheça como alguém que não sabe lidar com o que está ocorrendo, mas que está disposto a descobrir com os professores alguns caminhos. Se compreendida de modo dialético, as relações deixam de ter culpados e vítimas para se configurarem como corresponsabilização pelo que ocorre no contexto escolar. Segundo Petrovsky (1984), a corresponsabilização é uma das características que constituem a coletividade, uma vez que se refere ao compromisso de todos e de cada membro do grupo com os objetivos a serem alcançados e os meios para tal.

Como se pode notar nas falas abaixo:

> No que se refere à implicação, Adoniran diz haver um compromisso profissional de sua parte com sua função de gestor dentro da escola. Diz que pode escolher e que escolhe fazer bem feito, e que isso não é de livre e espontânea vontade, é um saber o que se tem a fazer e fazer bem feito, para que consiga estar bem consigo mesmo (trecho da síntese de 25 de setembro de 2010).
> Camille diz que consegue perceber na equipe um desejo forte de mudança. Diz que as reuniões [do grupo de gestores com as psicólogas] demonstram esse desejo (trecho da síntese de 25 de setembro de 2010).
> Camille ressalta que, em sua visão, é impossível que os cinco [gestores] não tenham os mesmos sonhos e objetivos [o de melhorar a escola] (trecho da síntese do dia 30 de abril de 2013).

Esta é a liberdade intrínseca da gestão: construir espaços que permitam diálogos que levem à superação dos problemas a partir da realidade concreta de cada unidade escolar, ao mobilizar nos demais membros da equipe o sentimento de ser capaz, de ser autor de sua realidade. Acreditamos que, desse modo, os gestores acabam por assumir o que Souza (2009) já nos revelava ser uma expectativa dos professores em relação à gestão, o papel de condutor do barco. E é a atuação nesses espaços de liberdade, como alguém que se reconhece desenvolvendo uma práxis, que parece ter sustentando os motivos que deram origem ao planejamento de ações que tinham em seu cerne a transformação das relações nos espaços escolares.

No espaço dos gestores, já parecia haver um compartilhamento de significados entre os membros da equipe sobre o que precisava ser alterado na escola, a saber: o modo como as relações se estabeleciam. Contudo, é no embate da tarefa planejada com sua execução que se formará a atividade real, constituída pelas possibilidades do "engajamento de si com os outros" (CLOT, 2007, p. 96), e nessas interações é que emerge o sujeito, a partir das:

[...] discordâncias das atividades dos outros, suas próprias atividades e os objetos do mundo. Ele [o sujeito] reage a elas orquestrando da melhor maneira as capacidades de ação que elas lhe fornecem, as latitudes que lhe oferecem os obstáculos que lhe opõem (ibid., p. 102).

Percebe-se que os momentos em que os gestores se mobilizaram para planejar ações com vistas a promover mudanças nos modos de relação dos professores com os alunos foram marcados pela generosidade, pelo respeito e pela colaboração entre eles, o que os fez sentir-se corresponsáveis pela transformação dessa situação e esperarem a mesma atitude dos professores. Ao se considerar que a vontade coletiva se desenvolve a partir das interações estabelecidas, pode-se pensar que sem esse movimento o que emerge são as vontades individuais. E é essa dimensão que pode ser observada nos dados abaixo:

> O documento produzido pelos professores, conforme observado pela equipe gestora e pelas pesquisadoras, tomou um rumo legalista, pois os professores apontaram, por meio da citação de artigos e capítulos do Estatuto da Criança e do Adolescente — ECA e do código penal, quais medidas punitivas deveriam ser tomadas com os alunos que cometessem atos de indisciplina. Neste documento foram utilizados muito termos vagos no que se refere à indisciplina e os professores não apontaram saídas pedagógicas (trecho da síntese de 30 de agosto de 2010, os gestores colocaram como proposta, em uma reunião com os professores, a busca de saídas pedagógicas que pudessem contribuir para a diminuição do que é denominado indisciplina na escola. Nesse encontro foram discutidos os resultados do que foi produzido pelos docentes).
> Leonardo apontou a dificuldade dos professores em implicar-se nos processos e como estes esperam que a gestão tome ações punitivas. Diz que quando os gestores perguntam ao grupo de docentes se eles realmente querem que a gestão puna os alunos estes se esquivam e dão respostas evasivas, buscando não se comprometer (trecho da síntese de 30 de agosto de 2010, em que Leonardo comenta o documento acima referido).

Percebe-se que, embora a crença no potencial do outro, a indignação e o incômodo sejam sentimentos capazes de promover ações da gestão rumo à transformação, ao depararem com a resistência dos professores, esses se desmobilizam e voltam ao movimento de acusarem um ao outro.

Mas por que isso acontece? Não vimos defendendo que os gestores produziram ressignificações que possibilitaram o desenvolvimento de motivos coletivos que sustentaram a vontade coletiva de mudar da gestão? Se assim o é, então por que, diante da primeira resistência dos professores às propostas, a vontade coletiva de desmobiliza?

Parece que a corresponsabilização dos gestores leva-os a planejar suas ações com base no papel que atribuem a si de favorecedores das transformações dos modos de relações entre professores e alunos; contudo, é na atuação com os docentes que esse papel será reafirmado, o que não ocorre. A dissonância entre o modo como os gestores se percebem atuando e a percepção dos professores sobre sua atuação conduz ao afastamento dos dois grupos e faz que o individualismo volte a dar o tom no modo de funcionar da gestão e da escola, como se observa nas falas abaixo:

> Camille retomou a questão das soluções pedagógicas na reunião, mas os professores afirmaram não terem entendido a proposta, mas que com o pedagógico está tudo bem (trecho da síntese de 30 de agosto de 2010).
> Manoel diz discordar disso, não só pela questão da indisciplina, mas pelo aproveitamento dos alunos (trecho da síntese de 30 de agosto de 2010).
> Os professores questionaram, ainda, a postura da gestão, sobretudo de Camille, em não suspender, transferir ou expulsar os alunos. Não raro, os professores acusam a gestão de omissão (trecho da síntese de 30 de agosto de 2010).

A dissonância referida revela-se também nos significados que circulam nos grupos: o que para a gestão configurava-se como investimento no potencial do professor é configurado por eles como acusação. Nota-se, claramente, um movimento de defesa dos professores ao declararem que com sua parte, ou seja, o pedagógico, tudo estava bem. Resposta indicando que se sentiram cobrados pelos gestores, então se unem para se defender. Isso faz que seja retomado o velho movimento dos "nós" e "eles".

De um lado "nós", os gestores, apontando para o fato de que os professores, "eles", não entendem e não se comprometem com as propostas, e de outro, "nós", os professores, acusando a gestão, "eles", de omissos, ao não tomar atitudes com os alunos "indisciplinados" e impedir, portanto, seu trabalho. Os sentimentos que decorrem dessas interações que têm como base a depreciação do outro faz que os sujeitos se voltem para si mesmos como modo de se proteger. Isso poderia explicar o porquê de o grupo de gestores não voltar a se reunir para discutir novas estratégias de intervenção. Essa cisão, que tem em sua base o individualismo, inviabiliza a construção do coletivo e tende a paralisar as ações que visam à transformação dos modos de ser, pensar e agir na escola.

Como afirma Vigotski (1931; 1995), nas condições em que os sentimentos de tonalidades negativas assumem prevalência, é a vontade coletiva que permitiria enfrentar e superar as contradições que caracterizam as relações de modo persistente, por meio da construção de motivos também coletivos. Por isso, podemos notar na escola uma prevalência de atos volitivos, que se caracterizam pelas constantes mudanças de direção e movimentos, assim como por sua fluidez e desmobilização, após cada ação executada em busca de se alcançar um objetivo.

Esse movimento de investidas em novas ações, abandonadas na sequência, promove a constante sensação na escola de que as coisas quase acontecem, de que se está à beira do salto que permitirá superar as condições concretas que a caracterizam, salto que, via de regra, não se efetiva. Percebe-se, na escola, por um lado, a capacidade de produzir tensões necessárias à mudança, mas por outro lado, fica evidente a fuga dos confrontos necessários para sua efetivação.

> Adoniran e Manoel estavam tocados com a reação de uma professora do período intermediário, que havia questionado, de modo mais agressivo, o fato de o período vespertino ter sido dispensado

e elas terem que trabalhar por causa do problema com as faxineiras. Eles a viam como uma professora com quem podiam contar sempre, mas o modo como ela reagiu os surpreendeu, porque os colocou em uma posição de opressores, como se houvessem tomado a decisão de manterem o horário delas propositalmente (trecho da síntese de 3 de maio de 2010. Referindo-se ao fato de ter obedecido a uma ordem da secretaria de dispensar as professoras do turno da manhã, mas não as do turno da tarde).
Adoniran disse que, desde a sua entrada, muitas coisas mudaram na escola, contudo nunca ouviu um elogio, mas todo dia ouve críticas (trecho da síntese de 4 de outubro de 2010).

Percebe-se que os movimentos de conservação do instituído na escola assumem prevalência sobre os de transformação. Acreditamos que uma possível explicação estaria na luta de motivos deflagrada por esses movimentos: é preciso escolher entre enfrentar os conflitos e produzir a coletividade na escola para avançar, ou permanecer na zona de conforto para sobreviver neste complexo contexto.

Os gestores são profissionais experientes; logo, sabem que, ao se superar um desafio, outros se apresentarão. Parece-nos que o que está na base desse imobilismo é o conforto. Ao ter de optar entre a superação e a conservação, os gestores cedem às pressões dos professores e optam por ficar onde estão e voltam apenas a constatar o que acontece, sem, contudo, persistir no que havia sido planejado para a superação dos desafios. Observe-se o trecho a seguir:

Leonardo diz que isso [ajudar os professores no controle da sala de aula] deixou de ser urgência para ser rotina, e que é aí que se perde o que é prioridade, pois o que é importante deixa de ser feito (trecho da síntese de 9 de outubro de 2012).
Camille diz que às vezes o professor tira da sala e outras vezes o professor vai até a coordenação para pedir ajuda, pois tem dois sétimos anos que são impossíveis (sic) este ano na escola, que são incontroláveis. Que, se ela não fizer intervenção, nem o melhor professor consegue controlar. A pesquisadora pergunta o que Camille faz para conseguir controlar. Camille diz que tira da sala, chama para conversar e, algumas vezes, liga para mãe e manda

o aluno embora da escola porque senão não dá, eles não têm limites (trecho da síntese de 9 de outubro de 2012).

Talvez motivados por preservarem suas autoimagens de profissionais competentes, sua autoestima e relações mais harmônicas com os professores, o que se percebe é uma constante fuga do centro do conflito e, consequentemente, um desinvestimento em modos mais criativos de estabelecer as relações na escola, que poderiam promover a melhoria da qualidade de ensino. Nessas ocasiões, a resolução das "urgências" assume o papel de autodefesa na medida em que permite aos gestores afastar-se das tensões dos conflitos centrais ao mesmo tempo em que "atendem" a ânsia dos professores de sentir-se apoiados (PLACCO et al., 2011).

Este modo de funcionar dos gestores não deixa margem para o investimento nas ações planejadas e intencionais, e o que acontece, via de regra, é o abandono dessas. Sendo assim, não se age para, propositalmente, resolver o principal conflito dessa escola, que é o de lidar com a impotência que tem sido vivenciada ano após ano pelos profissionais por não conseguirem ensinar seus alunos e superá-la. Ao contrário disso, reage-se às demandas do cotidiano e transformam tudo o que acontece na escola em "problemas urgentes a serem solucionados" (DUGNANI & SOUZA, 2011; PETRONI & SOUZA, 2014). Nestas condições, a vontade não se desenvolve, pois, como afirma Vigotski (1931; 1995, p. 291), "a conduta de um homem que carece de intenção determinada está à mercê da situação" [tradução nossa].

É importante destacar que este não é um modo de funcionar privativo da escola, mas caracteriza a sociedade atual como um todo. Segundo Bauman (2008), estamos vivendo o que denomina de sociedade de consumidores, em que as pessoas teriam a pressa como motivo que sustenta dois movimentos contraditórios e concomitantes: o "de adquirir e juntar e o de descartar e substituir" (p. 50). Nas palavras do autor:

> Na sociedade de produtores, a advertência que provavelmente mais se ouvia depois de um falso começo ou uma tentativa fracassada era "tente outra vez, mas agora de modo mais árduo, com mais

destreza e dedicação" —, mas não na sociedade de consumidores. Aqui, as ferramentas que falharam devem ser abandonadas, e não afiadas para serem utilizadas de novo com mais habilidade, dedicação e, portanto, com melhor efeito. Assim, quando os objetos dos desejos de ontem e os antigos investimentos da esperança quebram a promessa e deixam de proporcionar a esperada satisfação instantânea e completa, eles devem ser abandonados — junto com os relacionamentos que proporcionaram um "bang" não tão "big" quanto se esperava. A pressa deve ser mais intensa quando se está correndo de um momento (fracassado, por fracassar ou suspeito de fracasso) para outro ainda não testado (2008, p. 51).

O urgente e o novo colocado deste modo excluem o planejado e intencional, e, diante de tal condição, qual é o espaço para ser autor e responsável por sua prática que os gestores e os professores encontram na escola? Como vencer o medo de continuar amadurecendo projetos de forma crítica, avaliar suas possibilidades e limitações, reajustar o que for necessário dentro desse contexto tão individualizado e individualizante?

Já mencionamos que a idealização do outro parece estar na base dos processos geradores dos motivos que sustentam a escolha por se permanecer onde está. Mas o que se idealiza? Aproximemo-nos da fala abaixo:

> Adoniran diz que esse movimento é corriqueiro, quando se leva algo pronto é autoritário e, quando se pede sugestão de como fazer, ninguém sabe dizer. Uma das pesquisadoras pergunta se ele acha que os professores não sabem o que querem, e Adoniran diz que eles querem manter esse clima de não responsabilização (trecho da síntese de 10 de maio de 2010).
> Manoel diz que muitos professores, além de resistirem às formas de registro, burlam o sistema para garantir que a criança "tenha um desenvolvimento". Tanto Leonardo quanto Manoel mostram-se a favor das avaliações e dizem que os professores têm que ter claro para eles quais os impactos das mesmas no seu trabalho (trecho da síntese de 30 de abril de 2010).

Parece-nos que os gestores idealizam os professores e alunos como seres passivos que não resistirão ou questionarão suas propostas. Isso parece decorrer também da idealização de si mesmo como alguém que poderá sozinho, a partir de suas ideias e esforços, solucionar os problemas da escola. Reconhecemos que esses modos de agir e pensar são produzidos, incorporando-se aspectos que estão para além dos muros da escola. E é a tomada da consciência da gestão desses movimentos que acaba por promover ações que levam à construção da coletividade na escola. Visto permitirem aos gestores atribuírem novos significados e sentidos às formas como as interações são estabelecidas na escola, transformando seus modos de ser, pensar e agir na escola. Como podemos notar abaixo:

> Manoel diz que nos quatro anos em que está nessa escola percebe um avanço considerável. Primeiro, porque a equipe se completou com sua chegada e a chegada da Camille. Isso viabilizou um acompanhamento mais de perto. Segundo, porque começaram a planejar as ações. Manoel explica que as articulações são feitas primeiro com a reunião da equipe gestora, e que isso é fundamental para afinarem as ações. Mesmo que ele e Adoniran não estejam em TDC nesse momento, eles estão falando em nome da equipe, do que foi combinado e o que não foi combinado em reunião, e não haverá posicionamento do Leonardo ou da Camille no momento do TDC. Que eles levarão à reunião para a equipe discutir. Que isso dá um pouco de unidade à equipe, visto que não se têm iniciativas isoladas e percebem que eles já conseguiram avançar bastante no sentido de fazer que o planejamento dos professores não seja um calhamaço de papel para cumprir com a formalidade, que os professores o pegam, reveem o que foi possível trabalhar, o que não foi possível, o que é preciso replanejar. Os professores começam a perceber, alguns mais e outros menos, que é um instrumento que eles usam para organizar o trabalho, e não apenas uma formalidade para entregar para a direção (trecho da transcrição de 21 de maio de 2013).
>
> Adoniran diz que, quando se fala em ação, que tem coisas planejadas e que essas, em sua maioria, são cumpridas e que fazem

parte do PPP. Percebe que esta nova forma de agir da gestão melhorou a relação com os professores. Diz ainda que agora os imprevistos que acontecem diariamente também fazem parte do PPP. Adoniran disse que, quando começou a sair para olhar a entrada, no início do ano, pensou que os outros iriam ficar muito bravos, e que foi percebendo que as pessoas foram chegando, e ele foi tendo aliados. E isso o deixou surpreso (trecho da transcrição de 21 de maio de 2013).

Considerações finais

Ao desenvolverem práticas gestoras que se orientaram pela tarefa e foram pautadas nas diretrizes da escola, diminuíram as tensões que decorriam dessas dissonâncias. Nesses momentos nota-se um investimento intencional e consciente desses profissionais no planejamento e execução de ações com vista a enfrentar os conflitos, o que é condição fundamental para a construção do coletivo na escola.

Nota-se por um lado que, se a coletividade não for um modo de funcionamento apropriado pelo grupo, a resistência daqueles para os quais são direcionadas as ações do diretor, vice-diretor e coordenadores pedagógicos pode fazer que esses recuem nos movimentos de enfrentamento de conflitos e passem a ignorá-los, o que tende a desarticular o grupo de gestores, fazendo-os desviar o olhar das tensões que vivenciam na escola.

Por outro lado, a crença no potencial de si e do outro como sujeitos da ação, capazes de construir atitudes que favoreçam as transformações na escola, constitui-se como um movimento promotor de mudanças, visto que favorece atitudes que se orientam por meio da aposta, *a priori* em si e no outro, e que tem como principal mediador das relações as potencialidades em vez das impossibilidades. Nota-se, nessas interações, o predomínio de afetos de nuances positivas, tais como: generosidade, respeito e colaboração.

Tais afetos favorecem o investimento consciente no planejamento de ações, por possibilitar que as relações sejam mediadas pela potência. Planejar as ações é condição essencial para a construção de novas práticas gestoras, sobretudo ao considerarmos como função primordial da gestão articular ações que atendam aos interesses e expectativas dos diversos atores da escola, formar profissionais para atuarem com a pluralidade desse cenário e investir na transformação dos processos escolares. O planejamento parece promover os motivos coletivos que possibilitaram o empreendimento de esforços rumo à superação dos desafios. Em outras palavras, criou-se condição para o desenvolvimento coletividade na escola, que é objetivada na corresposabilização desses profissionais.

Referências

ALMEIDA, L. R.; PLACCO, V. M. N. S. Apresentação. In: Almeida, L. R.; Placco, V. M. N. S. (orgs.). *As relações interpessoais na formação de professores*. São Paulo: Loyola, ²2004.

ARENDT, H. *A condição humana*. São Paulo: Forense Universitária, ¹¹2010 (originalmente publicada em 1958).

BAUMAN, Z. *Vida para consumo*: a transformação das pessoas em mercadorias. Trad. Carlos Alberto Medeiros. Rio de Janeiro: Jorge Zahar, 2008.

CLOT, Y. *A função psicológica do trabalho*. Trad. Adail Sobral. São Paulo: Vozes, 2007.

DUGNANI, L. A. C.; SOUZA, V. L. T. *Os sentidos do trabalho para o orientador pedagógico*: contribuições da psicologia escolar. Psicologia da Educação (Impresso), n. 33 (2011) 29-47. Disponível em: <http://pepsic.bvsalud.org/scielo.php?script=sci_arttext&pid=S1414-69752011000200003>. Acesso em: 15 jul. 2012.

FREIRE, M. O que é um grupo? In: Freire, M. *Educador*. São Paulo: Paz e Terra, 2008.

INAF BRASIL. *Índice de Alfabetismo Funcional*. Instituto Paulo Montenegro. Disponível em: <http://www.ipm.org.br/pt-br/programas/inaf/relatoriosinafbrasil/Paginas/inaf2011_2012.aspx>. Acesso em: 16 set. 2012.

LIBÂNEO, J. C. O dualismo perverso da escola pública brasileira: escola do conhecimento para os ricos, escola do acolhimento social para os pobres. *Educação e Pesquisa* (on line), v. 38, n. 1 (2012) 13-28. Disponível em: <http://www.scielo.br/pdf/ep/v38n1/aop323.pdf>. Acesso em: 4 mai. 2014.

_____. Concepções e práticas de organização e gestão da escola: considerações introdutórias para um exame crítico da discussão atual no Brasil. *Revista Española de Educación Comparada* (2007) 1-31.

Luck, H. Perspectivas da gestão escolar e implicações quanto à formação de seus gestores. *Em Aberto*. v. 17, n. 72 (2000) 11-33.

Marques, F. A violência que convém perceber: normalização e produção social da identidade e da diferença na escola. In: Calçado, G.; Gutier, M. S. (orgs.). *Uma visão transdisciplinar do cotidiano*: ciências sociais e direito. Uberaba, MG: W/s Editora, 2014.

Paro, V. H. A utopia da gestão escolar democrática. *Cadernos de Pesquisa*, São Paulo, n. 60 (1987) 51-53.

Petroni, A. P. & Souza, V. L. T. As relações na escola e a construção da autonomia: um estudo da perspectiva da psicologia. *Psicologia e Sociedade* (impresso), v. 22, n. 2 (2010) 355-364. Disponível em: <http://www.scielo.br/pdf/psoc/v22n2/16.pdf>. Acesso em: 27 jul. 2013.

_____.Psicólogo escolar e equipe gestora: tensões e contradições de uma parceria. *Psicologia: Ciência e Profissão* (impresso), v. 34, n. 2 (2014) 444-459. Disponível em: <http://www.scielo.br/scielo.php?script=sci_arttext&pid=S1414-98932014000200013&lng=pt&tlng=en>. Acesso em: 8 ago. 2015.

Petrovski, A. V. *Personalidad, actividad y colectividad*. Trad. Alcira Kessler. Buenos Aires: Cartago, 1984.

Placco, V. M. N. S.; Almeida, L. R.; Souza, V. L. T. *O coordenador pedagógico e a formação de professores*: intenções, tensões e contradições, 2011. Disponível em: <http://www.fvc.org.br/pdf/apresentacao-coordenadores-qualitativo.pdf>. Acesso em: 23 set. de 2015.

Placco, V. M. N. S.; Souza, V. L. T. Desafios ao coordenador pedagógico no trabalho coletivo da escola: intervenção ou prevenção? In: Almeida, L. R.; Placco, V. M. N. S. (orgs.). *O coordenador pedagógico e os desafios da educação*. São Paulo: Loyola, ^{2}2010, 25-36.

Rosa, J. G. *Grande sertão: veredas*. Rio de Janeiro: Nova Fronteira, ^{19}2001.

Souza, V. L. T. Imagens da docência: percepções que atuam na constituição da identidade de professores. In: IX Congresso Brasileiro de Psicologia Escolar e Educacional, 2009, São Paulo. *Construindo a prática profissional na educação para todos*. São Paulo: Abrapee, 2009, 22.

Unesco *Educação para todos 2000-2015*: progressos e desafios. Organização Mundial das Nações Unidas para a Educação, Ciência e Cultura, França: Paris, 2014.

Vidal, E. M.; Lerche, S. V. Meta 19 dispõe sobre assegurar condições, no prazo de 2 (dois) anos, para a efetivação da gestão democrática da educação, associada a critérios técnicos de mérito e desempenho e à consulta pública à comunidade escolar, no âmbito das escolas públicas, prevendo recursos e apoio técnico da União para tanto, 2014. Disponível em: <http://revista-

escola.abril.com.br/politicas-publicas/pne-meta-19-691947.shtml>. Acesso em: 15 set. 2015.

VYGOTSKY, L. S. Dominio de la propia conducta. In: VYGOTSKY, L. S. *Obras Escogidas*: historia del desarrollo de las funciones psíquicas superiores, III, 285-302. Madrid: Visor, ²1995 (originalmente publicado em 1931).

_____. La colectiva como factor de desarollo del niño deficiente. In: VYGOTSKY, L. S. *Obras Escogidas*: fundamentos de defectologia, V. 213-234, Madrid: Vysor Aprendizaje y Ministerio de Cultura y Ciencia, ²1997a, 213-234 (originalmente publicado em 1931).

_____. El problema del retraso mental. In: VYGOTSKY, L. S. *Obras Escogidas:* Fundamentos de defectologia, V. Madrid: Vysor Aprendizaje y Ministerio de Cultura y Ciencia, ²1997b, p. 273-349 (originalmente publicado em 1934).

O coordenador pedagógico e a formação de grupos heterogêneos na escola

Elisa Moreira Bonafé[1]
elisa_bonafe@hotmail.com

Nos últimos anos foi possível observar um aumento na preocupação e interesse dos educadores acerca da função formadora do coordenador pedagógico (que neste texto também será tratado por CP). Em uma pesquisa rápida pela internet é possível encontrar vários cursos, artigos e livros que tratam do tema. Em situação oposta, na sua prática diária, os CPs deparam com uma realidade de trabalho que apresenta uma série de entraves que dificultam e até inviabilizam a realização da formação continuada dos professores. A princípio, apresento três deles:

- O excesso de atividades atribuídas ao coordenador pedagógico no dia a dia da escola. São atividades que, muitas vezes, não fazem parte de sua função, mas, por falta de quem o faça, ou pela proximidade de relacionamento com os docentes, pais e alunos, o CP acaba por assumir, deslocando-se de seu real papel;
- A pouca clareza do que seja formação continuada. Placco, Almeida e Souza (2011) identificaram, na pesquisa realizada sob encomenda da Fundação Victor Civita nos anos de

---

1. Coordenadora pedagógica da Rede Municipal de Ensino de São Paulo, em exercício na Coordenadoria Pedagógica da Secretaria Municipal de Educação; doutoranda em Educação: Psicologia da Educação (PUC-SP); autora do trabalho final de mestrado profissional Formação de Formadores, sob orientação da prof ª Dr ª Laurinda Ramalho de Almeida, em que este texto está fundamentado.

2010/2011, que os CPs entrevistados nas cinco regiões brasileiras descrevem diferentes atividades como sendo formação, entre elas: apoio ao professor diante de pedidos de ajuda, orientações nos casos de problemas com alunos, organização de conteúdo curricular, organização de grupos de discussão e reuniões para estudo. Essa multiplicidade de atividades, nem sempre realizadas intencionalmente com foco formativo, mas sendo compreendidas como formação continuada, pode explicar a intensiva dedicação a elas e, por consequência, a falta de tempo para outras ações com potencial formativo, das quais trataremos mais especificamente adiante.

- A pouca clareza sobre o que priorizar no planejamento da formação em contexto escolar e quais estratégias utilizar na condução das reuniões formativas com os professores de modo a atingir seus objetivos.

Diante disso, uma das perguntas mais comuns que o coordenador pedagógico faz a si mesmo, a seus colegas e até mesmo a seus formadores é: "Como priorizar a formação de professores na escola diante de tantas demandas?". E ainda, para aqueles que coordenam escolas de Ensino Fundamental, perguntas ainda mais desafiadoras: "Como realizar a formação de professores em um grupo composto de professores dos anos iniciais e finais do Ensino Fundamental, inclusive de diferentes áreas do conhecimento? Como tratar de assuntos que interessam a todos, e não somente a alguns, deixando outros em segundo plano na formação?".

A pesquisa utilizada como base para este texto (BONAFÉ, 2015) decorre desses questionamentos. Nela foi possível identificar a dificuldade de algumas CPs se perceberem e atuarem como formadoras de professores por dois motivos: sentimento de despreparo para a função pelo pouco domínio teórico e, também, falta de identificação com o papel de formador de professores. Foram entrevistadas quatro coordenadoras pedagógicas, de escolas municipais da cidade de São Paulo, que trabalham com grupos heterogêneos de professores e aqui serão chamadas de Silvana, Fátima, Renata e Juliana. O principal critério para a escolha das CPs era que conduzissem grupos de formação na escola compostos de docentes que trabalham com crianças de seis anos a adolescentes de 14 anos ou mais. Dessa forma, é compreensível que, no grupo de formação, existam diferentes interesses e necessidades de estudo entre os professores participantes.

Ao longo da pesquisa foi possível observar a amplitude das ações que envolvem a formação continuada em contexto escolar, considerando grupos heterogêneos, mas também ficou claro que elas somente se estabelecem, realmente, a partir das decisões tomadas pelo CP: o que ele prioriza nas reuniões de formação e como as conduz; quais são os objetivos que almeja ao orientar um professor individualmente ou ao acompanhar uma aula, por exemplo. As implicações das diferentes possibilidades de envolvimento do coordenador nas atividades formativas na escola serão apresentadas a seguir.

Inicio abordando algumas angústias e preocupações das coordenadoras, refletindo sobre elas e, com apoio da literatura utilizada na pesquisa, desconstruindo alguns discursos ou práticas para, então, apresentar as contribuições e possibilidades de trabalho colaborativo na formação continuada.

Uma das primeiras contribuições que revela preocupação a respeito da atuação do CP como formador é ilustrada na fala de Fátima:

> O coordenador vem de áreas específicas, e muitas vezes eu tenho um pedagogo de formação que vai trabalhar com o Ciclo II. Meu Deus, história, geografia, ciências, quanta coisa, né. Por onde eu começo? O que eu faço?

Fátima levanta uma questão importante: como um CP, com formação inicial em determinada área do conhecimento, pode atuar na formação continuada de professores de outras áreas? Essa pergunta representa o pensamento de que para ser um bom coordenador é necessário conhecimento (ou, mais ainda, domínio) de todas as áreas do conhecimento. No entanto, Placco, Almeida e Souza (2011) apresentam como argumento que o papel do CP é oferecer condições para que o professor possa transformar em ensino seus conhecimentos sobre determinado conteúdo. O coordenador formador pode utilizar as situações de aprendizagens vividas na própria escola para provocar a reflexão do grupo, confrontando os docentes para que questionem e compreendam as próprias intervenções, "aprofundando, desta forma, o conhecimento em parceria com seus colegas" (BONAFÉ; ALMEIDA, 2014, p. 1387).

A CP Juliana utiliza a estratégia de acompanhamento das aulas e a tematização das práticas com base nas necessidades observadas e reconhecidas pelo grupo:

> Primeiro eu faço essa observação [de aula], aí eu levanto os pontos que eu acho que são os mais gritantes, e coloco pro grupo que eu observei essas coisas e se é do interesse deles também discutir isso. [...] Às vezes, eles trazem também algumas coisas que eles acham que é importante a gente discutir, e eu vou buscar o estudo a partir do que eles me trazem como interesse deles.

Com essa estratégia, não são priorizados os conhecimentos específicos das áreas do conhecimento, mas as questões didáticas e de gestão de sala comuns aos diferentes docentes, considerando as etapas que lecionam. Essa estratégia no planejamento da formação utilizada por Juliana reconhece as práticas educativas na própria Unidade Educacional como material de estudo coletivo, sem a necessidade de recorrer a especialistas.

Portanto, não é prioridade, para o CP, o domínio das áreas do conhecimento, mas a observação crítica da realidade e das relações que se estabelecem na escola, o aprofundamento nos conhecimentos que se mostrarem necessários e a atuação para criar, em uma perspectiva colaborativa, situações que promovam a reflexão crítica do professor sobre sua prática e o desenvolvimento de novas possibilidades.

Duas CPs entrevistadas relataram alternar os temas de formação de modo que ora contemplem os professores dos anos iniciais, ora contemplem os professores dos anos finais do Ensino Fundamental. As mesmas CPs observam que fazem uma "ginástica" para convencer os outros docentes de que "algum dia" o que está sendo estudado e discutido pode ser útil. O desinteresse por parte daqueles que não se sentem contemplados com uma temática distante de suas necessidades se torna, então, visível:

Elas fazem assim: "Posso fazer alguma outra coisa? Posso preparar aula? Ai, tenho que fazer uns originais, posso?". Aí você sabe que não está agradando. Quando elas começam "posso fazer isso, posso fazer aquilo?" é que a coisa não está bem (risos). Aí você dá aquele sorrisinho amarelo e diz: "Vai lá fazer enquanto eu termino aqui com eles..." (CP Silvana).

É sabido que os desafios são diferentes para aqueles que lecionam para crianças pequenas e para os que trabalham com adolescentes ou adultos, tanto do ponto de vista de comportamento e interesse pelas aulas, como do aspecto didático e das práticas de ensino, que podem ter diferentes abordagens quando se consideram as áreas das ciências exatas, humanas e biológicas.

Pensando nisso, a coordenadora pedagógica Juliana nos conta de uma estratégia realizada em sua escola. Ela e sua colega, também CP, mantêm dois dias de formação em um único grupo na escola para discussões a respeito de temas comuns de formação, como alfabetização e letramento, interdisciplinaridade, autoria, avaliação. Nos outros dois dias o grupo é subdividido em dois: professores dos anos finais e professores dos anos iniciais do Ensino Fundamental, momento em que são tratadas as demandas específicas de cada etapa. Nessa divisão, cada CP coordena um grupo, enquanto no grupo único o planejamento e a formação são realizados em conjunto pelas coordenadoras.

A decisão em manter um único grupo de formação, com a presença das duas CPs da escola e de todos os docentes que participam do horário coletivo, se mostra coerente por serem privilegiados estudos e debates que envolvem toda a escola. Essa decisão favorece a unidade na formação continuada e na definição das concepções e teorias que embasam as práticas pedagógicas daquela escola.

A escolha das estratégias de formação

Que caminhos o CP, como formador, pode percorrer para atingir o objetivo de provocar mudanças nas práticas pedagógicas e impactar a melhoria das aprendizagens dos alunos?

Pensando na escolha das estratégias de formação, que podem ser indicativas do que provoca (ou não) mudança nas práticas dos professores, os dados coletados revelaram que três das quatro CPs entrevistadas fazem uso do que podemos chamar de "ferramentas" para abordar os temas definidos. Foram citados:

- Um professor da escola é convidado a conduzir a formação dos colegas em um tema específico, do qual tem maior domínio, como por exemplo: as relações étnico-raciais, o ensino da matemática, a alfabetização etc.;
- Uso de vídeos de palestras, filmes de ficção ou filmagens de aulas;
- Apresentações em *slides*;
- Leituras interpretadas, leituras para reflexão ou para aprofundamento teórico;
- Entrega de apostilas com sugestões de atividades para o professor;
- Formação de grupos de trabalho para leitura e apresentação aos colegas.

A opção pelo termo "ferramenta" no lugar de "estratégia de formação" foi feita em função do uso apresentado. Foram citados materiais (textos, *slides*, filmes e apostilas) que podem ter fim em si mesmos. Ou não. Porém, poucos foram os exemplos citados que os extrapolassem. Até mesmo nas situações em que são citadas as pessoas (professor convidado ou grupos de trabalho), da forma como foram apresentadas culminou em uma exposição, como o relato que segue:

> A Nota Técnica, agora, a gente fez a mesma coisa: subdividiu quem vai falar o quê. Então a gente tem trabalhado por grupos de trabalho e tem dado muito certo. Porque não fica aquele monólogo meu, né. Então você organiza, subdivide os grupos, eles apresentam, você propicia muito mais as trocas... (Fátima).

Quando um CP planeja sua prática, o faz com base nas experiências vividas e nas formações que teve ao longo de sua trajetória. As escolhas não são aleatórias, mas podem não contribuir para os objetivos desejados. Ao eleger determinada estratégia de formação, o CP imagina um resultado. Mas, se a escolha é feita tendo um peso maior na dinamização dos encontros em vez do debate e reflexão do grupo sobre os processos pedagógicos, o resultado alcançado pode ser frustrante para o formador.

> Eu tentei fazer uma outra experiência, mas não deu certo. Levei todo mundo na sala de leitura, que tem aquele monte de livros de formação, espalhei todos aqueles livros e falei: "Nós vamos ler. Cada um vai pegar emprestado um livro, vai ler um livro e depois a gente vai socializar essas leituras, fazer uma formação diversificada". Aí não deu muito certo não. Eles pegaram o livro: alguns devolveram, outros não, mas ler, poucos leram (Silvana).

O objetivo da pesquisa apresentada, da análise das entrevistas, não era apontar erros. Era, na verdade, identificar boas práticas de formação. Porém, a leitura das entrevistas permitiu identificar equívocos comuns que se apresentam no trabalho de formador do coordenador pedagógico. A intenção, então, é colocar um pouco de luz sobre algumas práticas consolidadas pela experiência, mas que nem sempre colaboram com o que se espera alcançar: uma formação que provoque melhorias nas práticas pedagógicas e reflita nas aprendizagens dos alunos. Isto posto, retomaremos a reflexão sobre a decisão pelas estratégias de formação.

Na tentativa de deixar o estudo menos cansativo foram escolhidos, pelas coordenadoras, vídeos de instituições ou professores universitários que dizem o mesmo que a CP, mas de um jeito diferente. Foram também utilizados filmes de ficção para contextualizar e ilustrar determinada situação ou conteúdo. Cabe aqui refletir sobre a escolha de vídeos, para que não tenham fim em si mesmos ou para que os professores não sejam colocados numa posição de espectadores ora da fala da coordenadora, ora do apresentador do vídeo, como ilustra Renata:

> Eu gosto bastante também de trabalhar com vídeo. [...] Porque acho que o vídeo foge um pouco de ficar só na fala do coordenador, só o coordenador falando isso, então é uma fala diferente [...].

Essa prática, apesar de dinamizar, pode reforçar a única finalidade de aprofundamento teórico. Outras práticas que também cumprem esse papel são: a apresentação pelo professor sobre um curso de que participou ou a socialização de um tema em que tenha maior domínio e a apresentação para o grupo de leituras realizadas. Uma opção pelo uso do vídeo como material que colabora para o estudo, a reflexão e para a prática pedagógica é apresentada pela CP Juliana.

> Geralmente, quando é de professor da escola, a gente combina o que vai fazer e faço a filmagem daquele professor. Aí filma, a gente assiste junto, conversa quais as coisas que a gente poderia levantar pra reflexão, discussão, e, no momento da formação, eu levo, a gente assiste, e eu levo com algumas perguntas norteadoras pra discutir. E a gente faz a discussão no coletivo. [...] Quando não é da escola não tem a parte do planejamento, porque eu não planejei com o professor o que eu ia levar, então eu trago já com as questões do que eu quero discutir levantadas, e a gente coloca em grupo pra eles refletirem e depois abrir [para discussão coletiva].

Ela prioriza filmagens de sala de aula (de outras escolas — feitas para programas institucionais da Secretaria da Educação — ou da própria escola em que atua) para problematizar a realidade com o grupo e envolvê-los na leitura crítica das situações, a partir de uma pauta de perguntas que direcionam a observação dos professores. Esta proposta está de acordo com Lerner, Torres e Cuter (2007), que afirmam que a análise de situações de sala de aula permite aos professores observar uma situação sob outros pontos de vista, identificar dificuldades e outras possibilidades a partir do debate com o grupo e, por meio das perguntas propostas pelo CP, encontrar sentido no estudo da bibliografia.

O uso de materiais de aprofundamento teórico é fundamental para que os professores ampliem seus conhecimentos sobre o objeto de estudo (e ensino), porém a escolha da bibliografia e sua estratégia de leitura devem possibilitar ao docente estabelecer relação entre os textos lidos e os problemas que se apresentam nas situações de aula. A CP Renata promove debates entre os docentes com base no relato de angústias dos próprios professores, relacionando teoria e prática:

> Esses dias, teve uma professora preocupada com uma turma de sexto ano [...] que estão vindo muito imaturas. Então ela foi falando quais eram as crianças, quais as dificuldades que elas apresentavam, e, diante disso, a gente ia pensando em possibilidades e estratégias, estratégias de atividades diferenciadas que a gente possa trabalhar com eles. Então todo mundo vai falando o que a gente acredita que possa ajudar a criança, em que a gente pode ajudar a criança. Então é isso mesmo. Acaba sendo as dificuldades de um grupo, na verdade, de uma sala, de um grupo, ou de uma criança específica. Aí, dentro do que a gente estuda, dentro daquilo que a gente acredita que seja possível, vê o que aquele professor pode fazer pra melhorar a sua prática, ou pra gente tentar fazer com que esses alunos superem. Eu acho que é mais isso.

A estratégia utilizada de apresentação de uma situação desafiadora, em que o grupo se sente representado, seguida pela participação coletiva baseada nas experiências e nos estudos realizados, está de acordo com o proposto por Imbernón (2009), pois permite a criação de um espaço de reflexão coletiva, em que todos aprendem com os debates a partir das situações problemáticas, fortalecendo os professores e permitindo a reconstrução de suas práticas.

Algumas possibilidades (e entraves) para a formação colaborativa em contexto escolar

Ao atuar com um grupo misto de professores em formação, um dos primeiros desafios, para o CP, surge no momento de planejamento da pauta: que temas priorizar quando há, no mesmo grupo, professores de matemática, história, língua portuguesa, educação física e ainda outros que lecionam todas as disciplinas para os alunos dos anos iniciais? Como incluir, na mesma proposta, professores preocupados com a alfabetização, a produção, leitura e interpretação de textos, a matemática, a língua estrangeira e outras linguagens? Planejar e atuar na formação docente em uma proposta colaborativa significa romper com o isolamento e autonomia extrema. Não são priorizadas algumas áreas do conhecimento em detrimento de outras, mas considerada a complexidade do contexto escolar como foco da formação, sempre respeitando e reconhecendo os saberes dos professores e suas experiências, que podem auxiliar na reflexão e resolução de problemas concretos de um contexto conhecido por todos.

Nessa perspectiva, o coordenador passa a ser aquele que envolve ativamente os componentes do grupo na formação. Os professores participam no planejamento, seja demandando temas e casos para debate, seja solicitando maior aprofundamento teórico em questões que se colocam como prioritárias. E também são colaboradores na formação dos colegas, contribuindo com reflexões, apontamentos, problematizações, sendo reconhecidos por sua experiência profissional.

A CP Juliana nos conta como prioriza a formação dos professores na sua prática. Ao planejar os conteúdos de formação, ela se pauta pelas necessidades do grupo de professores que atende, observadas no cotidiano escolar. Retomamos aqui um trecho ampliado que foi abordado anteriormente sob outra perspectiva:

> Eu procuro, primeiro, fazer uma observação: qual é a necessidade desse grupo de professores que eu estou atendendo? Então, a partir dessa observação, que geralmente se dá nas nossas discussões iniciais [...]. Eu fazia muito acompanhamento na sala de aula pra perceber onde estava a dificuldade deles. Então, primeiro eu faço essa observação, aí eu levanto os pontos que eu acho que são os mais gritantes, e coloco para o grupo que eu observei essas coisas e que é do interesse deles também discutir isso. E a gente acaba chegando num consenso. Às vezes, eles trazem também algumas coisas que eles acham que é importante a gente discutir, e eu vou buscar o estudo a partir do que eles me trazem como interesse deles.

É possível listar os passos que Juliana segue para definir seus temas de formação em uma perspectiva colaborativa:
1. Acompanhamento planejado das aulas, com foco definido;
2. Observação dos aspectos mais problemáticos;
3. Identificação das necessidades de formação dos professores;
4. Compartilhamento com o grupo sobre as observações e definição coletiva das demandas de formação.

Percebe-se, no relato de Juliana, que o acompanhamento das aulas e dos acontecimentos na escola são as ações que mais trazem elementos para serem estudados e debatidos com os professores, transformando-os em material de formação. Ela evidencia seu papel de formadora pela clareza do que fazer com e após esse acompanhamento. Utiliza a observação para guiar seu planejamento de formação, levando para o horário coletivo as reflexões acerca das situações da sala de aula.

> Eu procurava trazer discussões ou leituras e estudos de alguma coisa que atendessem a necessidade deles naquele momento, que eu observava, porque geralmente eu acompanho as salas. Então eu ia e assistia à aula e observava alguma coisa e procurava alguma questão referente àquilo que eu observava. Geralmente é de gestão de sala de aula ou alguma coisa assim (Juliana).

Definir em conjunto as demandas de formação, planejar as pautas com a participação dos docentes e priorizar temas advindos da realidade escolar são ações formativas que promovem a autonomia do professor e se relacionam mais com a prática vivida.

Mas a formação numa perspectiva colaborativa também enfrenta desafios que, em alguns casos, são os mesmos enfrentados em outras perspectivas de formação:

> No momento da discussão, claro que todo mundo tem o direito de concordar ou discordar, mas cada um tem uma concepção na escola, a gente lida com concepções diferentes. Então, para alguns professores, é tranquilo o fato de discutir algo, levar pra sala de aula, propor e trazer de volta, ou mesmo se expor, porque a gente também tem essa dinâmica de fazer tematizações da

prática dele. Porém a gente tem alguns, não é o caso de serem muitos professores, mas eu tenho alguns que, no momento da discussão, ele participa, mas, na hora de levar para a prática, ele não leva. Então o retorno é mais difícil. A gente tem que lidar com um convencimento muito maior, né. Então, eu acho que o nosso retorno às vezes é frustrante (Juliana).

Imbernón (2009, p. 61) destaca a importância de criar, no grupo, um ambiente de comunicação, colaboração e interação em que se compartilham problemas, fracassos e êxitos, além de proporcionar a elaboração de projetos de trabalho conjunto, o que é diferente de "realizar certos trabalhos que demandam um projeto coletivo, mas sem o necessário processo de colaboração".

Cabe lembrar que, para as práticas de formação que partem das necessidades identificadas no contexto escolar, o coordenador passa a ter um envolvimento maior na organização de sua rotina a fim de priorizar seus estudos em função das situações identificadas como problemáticas, que emergem durante os encontros e demandam maior aprofundamento. Para tanto, o CP necessitará de "fundamentação teórica para encaminhar os processos de discussão de modo a favorecer a reflexão dos docentes" (BONAFÉ, 2015, p. 34).

Considerando as demandas de formação continuada nas escolas pesquisadas, foi possível perceber que os professores manifestaram preocupações parecidas no que diz respeito ao trabalho desenvolvido com os alunos, como apresenta a CP Juliana: "A maior queixa desses professores é o que fazer com esses alunos que não querem fazer nada, que não abrem o caderno dentro da sala de aula. Então, é a maior questão que eles trazem pro grupo".

De acordo com as coordenadoras pedagógicas, as maiores angústias dos professores, além do aproveitamento escolar insuficiente, das dificuldades de aprendizagem e indisciplina, são questões relacionadas à avaliação, alfabetização e ludicidade, leitura e escrita, baixa frequência dos alunos na escola, ética e valores, desinteresse das famílias pela escola.

As CPs entrevistadas legitimam as queixas dos professores, considerando que os problemas mais sérios das escolas estão relacionados à pouca aprendizagem dos alunos, à dificuldade em desenvolver ou manter o interesse nas aulas e à indisciplina. Porém, quando o foco do estudo se voltou para a escolha dos temas de formação, observaram-se duas demandas distintas: aquelas trazidas pelos professores, como as já citadas, e as indicadas pela Secretaria da Educação. Como resultado, os assuntos mais trabalhados pelas CPs foram aqueles relacionados à alfabetização, interdisciplinaridade, autoria dos alunos, aprendizagem por projetos e avaliação formativa.

Os temas sugeridos pela Secretaria da Educação se apresentam como demanda de formação à medida que estão relacionados à discussão curricular e ao Projeto Político Pedagógico das escolas. Porém, cabe a observação de que as queixas dos docentes relacionadas ao aproveitamento escolar, dificuldades de aprendizagem, desinteresse, indisciplina, entre outros, não parecem ter sido contempladas como objeto de estudo nos projetos de formação dessas escolas no ano de 2014.

Imbernón (2009, p. 36) aponta as consequências dessa prática, que pode levar "à ausência, ao abandono, à desmoralização, à rotinização de tomar a formação como algo alheio e ao cansaço da formação permanente", enfatizando uma política de atualização de professores, distante de suas necessidades, que raras vezes repercute sobre a qualidade do ensino e da aprendizagem.

O acompanhamento das aulas e dos professores como prática formativa

O acompanhamento das aulas ainda não é uma prática consolidada entre os coordenadores pedagógicos. Se a formação docente tem o objetivo de melhorar as práticas pedagógicas dos professores com os educandos, parece que nada faz mais sentido do que utilizar a observação das aulas desses professores como ferramenta para levantar necessidades de formação e também verificar os reflexos dos estudos nas práticas docentes.

O acompanhamento dos professores pode ser feito pelo CP de diferentes modos: visitas às salas de aula, observação de caderno dos alunos, dos diários de classe, relato dos professores e observação da rotina escolar.

Tratando das visitas às classes para acompanhamento das aulas, há diferentes opiniões: aquelas CPs que não se sentem à vontade para observar as aulas dos professores e só o fazem quando são solicitadas por eles, e as que utilizam essas observações como rotina, mesmo reconhecendo que a frequência dessas visitas ainda não é a desejada.

A primeira dificuldade encontrada é tornar a visita às salas de aula uma rotina do CP: marcar um horário na agenda e priorizar o acompanhamento e orientação aos professores. As duas CPs que têm essa prática queixam-se da dificuldade em manter uma frequência que consideram adequada ao acompanhamento dos professores:

> É, nesse ano eu, praticamente, quase não consegui. Acho que se eu fui duas vezes na sala de cada. [...] Acho que eu fui duas vezes, só. Eu falo que isso não é acompanhar. A gente fez uma observação apenas, mas não consegui. [risos] Eu espero que este ano seja mais tranquilo (Juliana).
>
> Eu acho que eu posso me organizar melhor e fazer com que as demandas da escola, o apagar os incêndios, possam também me deixar. [...] Então você acaba demandando coisas que não são suas e você acaba deixando a sua prática de lado. E é uma grande reclamação dos CPs e a gente sabe disso, né. E isso prejudica a questão do acompanhamento, de acompanhar o projeto (Fátima).

As outras duas coordenadoras entrevistadas relatam que não assistem às aulas dos professores por compreenderem o acompanhamento das aulas como uma prática invasiva, em que os professores não se sentem à vontade. Essas CPs utilizam como estratégia de acompanhamento o relato espontâneo dos professores, a observação das propostas de atividades encaminhadas para cópia e a observação da rotina e do espaço escolar — aquela "olhadinha" da aula quando vão entregar algum bilhete ou dar um recado para uma turma.

Eles relatam, e eles não precisam mentir pra mim, eles sabem. E muita coisa eles pedem pra eu multiplicar para os alunos. Como eu tenho impressora aqui embaixo, eu tenho uma grafiquinha aqui na minha sala, então eu vejo (com a voz bem animada): Isso aqui eu dei na JEIF[2] e eles vão dar para os alunos! Eu vejo por aí, pelo plano, pela movimentação deles com os alunos, pelos cartazes que vão aparecendo... (Silvana).

Então, o que eu procuro é sempre conversar, perguntar, a gente acompanha o planejamento, o que está fazendo, através do planejamento. [...] Às vezes, dá uma passadinha, finge que vai pegar alguma coisa ou que vou falar com alguém, pra olhar. Não que eles se sintam observados, pra sentar e observar, e fazer um relatório, eu não costumo (Renata).

A confiança e a liberdade com os professores, nas práticas de Silvana e de Renata, parecem ser o ponto-chave para garantir a boa comunicação e o acompanhamento. O cuidado, neste caso, deve ser para que o CP não mantenha uma postura passiva, que lhe permita acesso às informações, apenas se elas chegarem até ele.

A aceitação da presença do coordenador pedagógico nas aulas pode acontecer à medida que os professores percebem o foco do olhar para o acompanhamento e estabelecimento de trabalho em parceria. Ter clareza dos objetivos das ações e tarefas assumidas ou negadas pelo CP é fundamental para que ele consolide seu papel como formador de professores. E os encaminhamentos dessa ação pelo CP é que podem, ou não, torná-la formativa, em uma perspectiva colaborativa.

Juliana planeja o acompanhamento das aulas dos professores e seu relato mostra os seguintes passos:

- Organiza um cronograma de visitas quinzenais na mesma turma com o mesmo professor;
- Antecipa com o professor os aspectos que serão observados;
- Realiza o planejamento conjunto da aula;
- Assiste à aula;

---

2. Jornada Especial Integral de Formação.

- Registra as observações;
- Faz a devolutiva oralmente ao professor do que foi observado, contribuindo com sugestões.

> Geralmente eu monto um cronograma de quando eu vou observar. [...] Eu procuro ir pelo menos a cada 15 dias na aula daquele professor. Aí, com alguns, como eu tenho mais... acho que afinidade... não sei qual é a melhor palavra. A gente acaba discutindo o que é que eu vou observar. Então eu já sei o que é que ele vai trabalhar a partir do planejamento dele, e aí, às vezes, a gente até planeja junto: "Então tal dia eu vou na sua sala". Alguns outros mais resistentes, eu tenho que: "Ó Fulano, tal dia eu vou na sua sala... a gente vai... eu vou fazer um acompanhamento e depois a gente vai conversar". Então, eu vou, assisto à aula, tudo. Assisti à aula, eu volto pra minha sala, faço um registro de observação e, geralmente, depois desse registro de observação, eu chamo o professor na minha sala para dar uma devolutiva. Então, eu coloco o que eu observei, quais foram as fragilidades, algumas sugestões, sabe, que eu vi. Por exemplo, teve um professor uma vez que, a questão do trabalho em grupo era uma dificuldade grande pra ele, e aí eu vi que ele estava trabalhando um tema que dava pra trabalhar em grupo e provavelmente ele conseguiria um resultado mais positivo dessa forma, então, aí eu dou a devolutiva, geralmente oral, pra esse professor (Juliana).

Interessa notar que, no caso dos docentes citados como "mais resistentes", isso não intimida a ação da CP. A diferença é que não acontece o planejamento conjunto, pela dificuldade inicial em estabelecer a parceria.

A clareza do que se deseja alcançar nessa prática pode evitar situações que descaracterizariam o acompanhamento das aulas como momento formativo:

- <u>Visitas sem planejamento</u>. Perdem-se os objetivos do acompanhamento e não se alcançam os resultados desejados, pois falta um foco definido de observação: "As visitas são meio esporádicas, por exemplo, hoje como está meu dia?

Ah, hoje eu consigo acompanhar as salas? Ah, eu vou acompanhar" (Fátima).
- Acompanhar as aulas dos professores com foco de intervenções nos alunos. O objetivo da presença do CP na aula não pode ter como finalidade a melhoria do comportamento dos alunos, mas o trabalho colaborativo com o professor.

Retomando a prática de Juliana no acompanhamento das aulas, o maior destaque está na participação do professor em todo o processo. Ele é colocado como protagonista da própria formação nas diferentes fases: desde o planejamento até a definição do que será levado como objeto de estudo para o grupo, conforme citado em uma fala anteriormente apresentada. Essa postura qualifica a formação continuada na escola e envolve o coletivo no processo de desenvolvimento profissional.

Considerações finais

A pesquisa utilizada como referência para este texto teve como ponto de partida minhas próprias angústias como coordenadora pedagógica e o questionamento das formações que eu promovia na escola. Meu objetivo era identificar quais seriam as estratégias de formação que realmente ajudam o professor a repensar e melhorar suas práticas pedagógicas, acreditando que essas estratégias estariam relacionadas especificamente ao planejamento do horário coletivo de formação. No entanto, as análises das entrevistas associadas ao estudo do referencial teórico revelaram, como se pôde perceber, que as estratégias de formação que apresentam maior potencial de mudança ultrapassam os momentos de reunião de professores, de forma intencional.

A CP Juliana se destacou, entre as entrevistadas, pela clareza de seu papel na formação dos professores na escola e pelas estratégias utilizadas. Ela justificou, ao final da entrevista, que sua experiência como formadora na Diretoria Regional de Educação, há alguns anos, foi o que trouxe as maiores contribuições para sua prática hoje como CP, pois recebia uma formação diferenciada para ser formadora.

Compreendendo que, na educação, as mudanças não acontecem pela publicação de normas e decretos, defendo aos coordenadores pedagógicos o estudo, o autoquestionamento, a curiosidade, a experimentação, o erro e a discussão com seus pares (colegas e formadores) para provocarmos alguma mudança nas práticas de formação e nas práticas pedagógicas da escola. Mas essa mudança não depende só do CP. Depende muito do reconhecimento, pelo diretor da escola, da importância da formação continuada, e também da responsabilidade e garantia das condições necessárias pelos Sistemas de Ensino.

Referências

BONAFÉ, E. M. *O coordenador pedagógico como formador de professores em grupos heterogêneos na escola*: as ações de formação e suas implicações. Trabalho final de mestrado profissional em Educação: Formação de Formadores. São Paulo: Pontifícia Universidade Católica de São Paulo, 2015.

BONAFÉ, E. M.; ALMEIDA, L. R. Estratégias de formação de professores no contexto de trabalho: o papel do coordenador pedagógico como formador. In: IX Encontro Regional da Anpae Sudeste e XIII Encontro Estadual da Anpae – SP, 2014. *Resumos...* São Paulo: Cruzeiro do Sul Educacional. Campus Virtual, 2014, 1383-1390.

IMBERNÓN, F. *Formação permanente do professorado*: novas tendências. Trad. Sandra Trabucco Valenzuela. São Paulo: Cortez, 2009. Título original: Nuevas tendências em la formación permanente del professorado.

LERNER, D.; TORRES, M.; CUTER, M. E. A Tematização da prática na sala de aula. In: CARDOSO, B. (org.). *Ensinar: tarefa para profissionais*. Rio de Janeiro: Record, 2007, 103-146.

PLACCO, V. M. S. et al. O coordenador pedagógico (CP) e a formação de professores: intenções, tensões e contradições. In: FUNDAÇÃO VICTOR CIVITA (org.). *Estudos & Pesquisas Educacionais*. São Paulo: Fundação Victor Civita, 2011, v. 2.

Edições Loyola

editoração impressão acabamento

rua 1822 n° 341
04216-000 são paulo sp
T 55 11 3385 8500/8501 • 2063 4275
www.loyola.com.br